10대를 위한
공정하다는 착각

THE TYRANNY OF MERIT
Copyright ⓒ 2020 by Michael J. Sandel
All rights reserved

Korean translation copyright ⓒ 2022 by Mirae N Co., Ltd
Korean translation rights arranged with ICM Partners
through EYA Co.,Ltd, Seoul.

이 책의 한국어판 저작권은 EYA(Eric Yang Agency)를 통한
ICM Partners사와의 독점계약으로 주식회사 미래엔이 소유합니다.
저작권법에 의하여 한국 내에서 보호를 받는 저작물이므로 무단전재 및 복제를 금합니다.

사진 출처
연합뉴스: 22 도널드 트럼프, 힐러리 클린턴 | 66 조지 H. W. 부시, 토니 블레어, 빌 클린턴 | 76 버락 오바마
그 외 셔터스톡(www.shutterstock.com)

하버드대 마이클 샌델 교수의 사회 수업
10대를 위한 공정하다는 착각

원저 마이클 샌델
글 신현주 | **그림** 문지원 | **감수** 함규진

펴낸날 2022년 6월 10일 초판 1쇄, 2025년 7월 30일 초판 8쇄
펴낸이 신광수 | **출판사업본부장** 강윤구 | **출판개발실장** 위귀영
아동인문파트 김희선, 설예지, 이현지 | **디자인관리** 최진아 | **외주디자인** 올디자인 | **출판기획팀** 정승재, 김마이, 이아람, 전지현
출판사업팀 이용복, 민현기, 우광일, 김선영, 이강원, 허성배, 정유, 정슬기, 정재욱, 박세화, 김종민, 정영묵
출판지원파트 이형배, 이주연, 이우성, 전효정, 장현우

펴낸곳 ㈜미래엔 | **등록** 1950년 11월 1일 제16-67호 | **주소** 서울특별시 서초구 신반포로 321
전화 미래엔 고객센터 1800-8890 **팩스** 541-8249 | **홈페이지 주소** www.mirae-n.com

ISBN 979-11-6841-204-0 73300

• 책값은 뒤표지에 있습니다. 파본은 구입처에서 교환해 드리며, 관련 법령에 따라 환불해 드립니다.
  다만 제품 훼손 시 환불이 불가능합니다.

KC 마크는 이 제품이 공통안전기준에 적합하였음을 의미합니다.
사용 연령: 8세 이상

10대를 위한
공정하다는 착각

마이클 샌델 원저 · 신현주 글 · 함규진 감수

차례

저자의 말_ 세상에 질문을 던져 보세요! 6
감수자의 말_ 착각하지 않을수록 공정해집니다 8
들어가며 10

1 돈도 능력인가요? 12
《공정하다는 착각》-서론 대학 입시와 능력주의 수록 내용

2 2016, 대중의 선택은? 20
《공정하다는 착각》-Chapter1 승자와 패자 수록 내용

3 빈부 격차를 그럴싸하게 설명하는 법 30
《공정하다는 착각》-Chapter1 승자와 패자 수록 내용

4 신에 의해서, 능력에 의해서 40
《공정하다는 착각》-Chapter2 "선량하니까 위대하다" 능력주의 도덕의 짧은 역사 수록 내용

5 그럴 자격이 충분하다 48
《공정하다는 착각》-Chapter2 "선량하니까 위대하다" 능력주의 도덕의 짧은 역사 수록 내용

6 '하면 된다', 맞나요? 56
《공정하다는 착각》-Chapter3 사회적 상승을 어떻게 말로 포장하는가 수록 내용

7 교육만이 답일까요? 64
《공정하다는 착각》-Chapter4 최후의 면책적 편견, 학력주의 수록 내용

8 스마트의 함정 72
《공정하다는 착각》-Chapter4 최후의 면책적 편견, 학력주의 수록 내용

9 학위가 있어야 정치를 할 수 있나요? 82
《공정하다는 착각》-Chapter4 최후의 면책적 편견, 학력주의 수록 내용)

10 기후 위기를 해결하는 법 92
《공정하다는 착각》-Chapter4 최후의 면책적 편견, 학력주의 수록 내용)

11 어떤 나라에서 살고 싶은가요? 100
《공정하다는 착각》-Chapter5 성공의 윤리 수록 내용)

12 가상 토론회〈시장과 능력주의〉 110
《공정하다는 착각》-Chapter5 성공의 윤리 수록 내용)

13 마이클 영과 능력주의 122
《공정하다는 착각》-Chapter5 성공의 윤리 수록 내용)

14 돈 따라가는 대학 입학시험 130
《공정하다는 착각》-Chapter6 '인재 선별기'로서의 대학 수록 내용)

15 상처 입은 승리자들 140
《공정하다는 착각》-Chapter6 '인재 선별기'로서의 대학 수록 내용)

16 합격자 제비뽑기 148
《공정하다는 착각》-Chapter6 '인재 선별기'로서의 대학 수록 내용)

17 절망 끝의 죽음 158
《공정하다는 착각》-Chapter7 일의 존엄성 수록 내용)

18 '만드는 자'와 '가져가는 자' 168
《공정하다는 착각》-Chapter7 일의 존엄성 수록 내용)

19 능력, 그리고 공동선 176
《공정하다는 착각》-결론 능력, 그리고 공동선 수록 내용)

찾아보기 184

저자의 말　　　　　　　　　　　　　　　　　　　　신현주

세상에 질문을 던져 보세요!

정말 행운입니다! 제가 마이클 샌델 교수의 명저를 10대를 위한 책으로 엮는 영광을 다시 얻다니 말입니다. 하지만 《10대를 위한 공정하다는 착각》의 원고를 작업하는 동안 섣불리 덤빈 것은 아닌가 하는 걱정을 많이 했습니다. 세계적인 석학의 글을 제대로 전하고 있는지 의심하고 고민하며 하루하루를 보내야 했기 때문입니다. 그럼에도 불구하고 원저 《공정하다는 착각》과의 만남은 참으로 짜릿한 경험이었습니다. "누구나 자신의 능력을 마음껏 펼칠 수 있는 사회를 만들어야 한다."라거나 "열심히 노력하면 성공할 수 있다."라는 말 속에 숨어 있는 함정을 밝히며, 우리가 당연하게 여기는 것들이 당연하지 않다는 사실을 알아 가는 과정이었으니까요.

이번에도 마이클 샌델 교수는 우리에게 끊임없이 질문을 던집니다. 온전히 나의 몫이라 여겼던 재능과 능력을 의심하게 하고, 진정으로 공정한 사회가 어떠한 사회인지 묻기도 합니다. 그렇다고 너무 어렵지 않을까 걱정하지는 마세요. 질문에 대한 답을 찾아 가는 모든 과정이 흥미로운 지적 모험일 것이라고 감히 말해 봅니다.

사실 이 책의 대부분은 미국의 정치, 경제, 사회 문제를 예로 듭니다. 한국에 사는 우리가 잘 알지 못하는 생소한 이야기도 많습니다. 그래서 책을 읽어

나가는 동안, 한국의 상황은 어떤지 스스로 알아보고 따져 보는 시간을 갖기를 권합니다. 조금 어렵기는 하겠지만, 우리가 사는 사회에 대해 알아 가는 즐거운 생각 실험이 될 것입니다. 나아가 원저인《공정하다는 착각》에도 도전해 보기를 바랍니다.

인간은 홀로 사는 존재가 아닙니다. 인간은 사회에서 서로 연결되어 의지하며 살아가고, 서로 협력할 때 더 나은 결과를 만들 수 있습니다. 당연히 저도 마찬가지입니다. 짧은 문장으로나마, 이 책을 함께 만든 모든 분에게 감사의 마음을 전합니다.

요즘 어느 때보다 많은 이들이 '공정'을 말하고 있습니다. 그만큼 세상이 공평하고 정의롭지 못하다는 증거가 아닐까 싶습니다. 그렇다면 이 세상을 올바르게 바꿀 힘은 어디에 있을까요?

인류는 점점 더 똑똑해지고 있습니다. 후 세대는 앞선 세대와 똑같은 질문을 받았을 때 더 많은 답을 찾았습니다. 이 순간에도 과거에는 찾지 못했던 수많은 문제의 해답을 찾아 가고 있지요. 바로 한 세대를 이끌 10대인 여러분이, 공정하고 정의로운 미래를 만들 주인공이라는 이야기입니다.

힘들고 괴롭더라도 착각을 버려야만 진짜 세상을 만날 수 있습니다. 이제 10대인 여러분이 나설 차례입니다. 이 사회가 '공정하다는 착각'에서 벗어날 수 있게, 세상의 여러 가지 문제에 질문을 던지는 사람이 되어 보면 어떨까요?

진심으로 여러분의 미래를 응원합니다!

감수자의 말   함규진(서울교육대학교 윤리교육과 교수)

착각하지 않을수록 공정해집니다

여러분의 부모님이 여러분에게 가장 많이 하는 말은 무엇인가요? "사랑한다."라고요? 네, 아마 그렇겠지요! 하지만 두 번째 또는 세 번째는 아마도 "공부해라."일 겁니다. 부모님은 여러분이 행복해지기를 바라서 공부, 공부 하는 거랍니다. 공부를 잘해야 행복해질 수 있고, 다른 사람들의 존경을 받으며 멋진 인생을 살 수 있다고 생각해서 말이지요. 이는 어느 정도는 사실입니다.

하지만 공부를 잘해야 행복해지는 것은 과연 '공정'한 일일까요? 미국 하버드 대학교의 마이클 샌델 교수는 그렇지 않다고 말합니다. 아무리 공부를 잘하려고 해도 그럴 수 없는 친구들이 있기 때문이지요. 태어날 때부터 장애를 가지고 있거나, 부모님이 잘 돌봐 주실 형편이 못 되거나, 다양한 교육 기회를 누리기 어려운 친구들 말입니다. 사실 공부만으로 인생의 성공과 실패가 나뉘는 것은 지나치지요. 역사상 많은 위인들이 그렇듯 공부에는 소질이 없어도 다른 쪽으로 노력해서 훌륭한 사람이 되는 경우도 많으니까요.

샌델 교수는 말합니다. 모든 것을 공부와 연관된 재능과 노력으로만 얻을 수 있다는 생각, 현실은 잘못되었다고요. 그런 생각과 현실을 '능력주의'라고 합니다. 능력주의는 공부가 인생의 전부라는 태도를 퍼뜨립니다. 공부를 잘

하기 어려운 사람의 기회를 빼앗고, 공부로 성공한 사람들은 "다 내가 잘 나서, 열심히 노력해서 이렇게 된 거야."라고 착각하게 만듭니다. 그리고 자신보다 성공하지 못한 사람들을 비웃게 하지요. "왜 노력하지 않았지? 이 게으름뱅이들!" 하고요.

생각해 보면, 성적을 나누는 이상 모든 사람이 다 '성공'할 수는 없습니다. 아무리 노력해도 1등과 꼴등은 나오기 마련입니다. 모두가 열심히 노력한다면 1등과 2등, 1등과 꼴등 사이의 점수 차이는 줄겠지만, 그래도 1등은 1등이고, 2등은 2등, 꼴등은 꼴등이지요. 그러면 과연 이 결과를 두고 공정하다고 할 수 있을까요? 처음부터 아주 적은 사람만이 성공하고, 대부분은 실패할 수밖에 없는 '룰'을 만들고, "기회는 공정하다. 누구나 노력하면 1등 할 수 있다!"라고 한다면, 과연 그것이 공정한 걸까요?

마이클 샌델 교수는 세계에서 가장 입학이 어려운 대학 중 하나인 하버드 대학교의 교수입니다. 그는 하버드 대학교에 합격한 학생과 합격하지 못한 학생의 능력이 거의 차이가 없음을 발견했습니다. 그렇지만 합격하지 못한 사람은 실패자라는 고통 속에서 살아갑니다. 합격한 학생도 그리 행복하지 않습니다. 어릴 때부터 경쟁과 노력을 반복해 왔기 때문에 그 후유증에 시달리지요. 승자도 패자도 행복하지 않다면, 그런 경쟁을 계속 해야 할까요?

이 책을 읽으며 마이클 샌델 교수가 던지는 질문들에 답을 생각해 보세요. 그리고 누구보다 여러분이 잘 되기를 바라는 부모님, 여러분과 똑같이 공부라는 짐을 지고 있는 친구들과 이야기해 보세요. 그러다 보면 이 사회를 더 나은 곳으로 바꿔 나갈 길을 찾아낼 수 있을 것입니다. 우리가 진지하게 생각하고, 서로 진지하게 대화하면, 세상의 룰은 반드시 바뀐답니다!

들어가며

Welcome,
긴 여행을 함께 할 여러분!

'코로나 바이러스 팬데믹'을 경험하는 동안, 우리는 미국이라는 나라를 다시 보게 되었습니다. 미국은 전염병에 맞설 마스크나 장비를 충분히 갖추지 못했지요. 미국의 제45대 대통령인 도널드 트럼프가 보건 전문가들의 경고를 무시한 영향도 컸지만, 의료 장비를 중국과 여러 국가로부터 수입해 온 것도 문제를 키웠습니다. 그동안 미국은 생산 비용이 더 적게 드는 외국에서 대부분의 마스크와 장비를 만들어 왔기 때문에, 위급한 순간 필요한 물자를 국내에서 충분히 만들지 못하는 상황이었습니다.

더 큰 문제는 당시 미국이 사회적으로 심각한 분열을 겪고 있었다는 점입니다. 대중들은 정치 이념에 따라 나뉘어 싸웠고, 서로를 믿지 않고 혐오했지요. 하지만 코로나 바이러스 팬데믹을 극복하려면 모두가 힘을 모아야만 했습니다. 전염병을 막기 위해서는 거리두기도 실천해야 했지요. 시민들은 마음을 모아 뭉쳐야 하면서도, 생활은 서로 거리를 두어야만 하는 복잡한 상황을 겪었습니다.

이러한 위기 속에서, 경제적으로 쏠쏠하게 이익을 챙긴 사람들도 있습니다. 이들은 혼란에 빠진 세계 시장에서 자신들이 가진 재화를 이용해 더 많은 돈을 벌어들이며 승자가 되었지요. 세계는 팬데믹으로 일자리를 잃고 낙오된 패자와 세계화 시장에서 우뚝 선 승자로 나뉘었습니다. 이처럼 패자와 승자가 극단적으로 나뉜 사회에서 사람들은 승자가 되기를 바랄 것입니다. 그럼 어떻게 해야 승자가 될 수 있을까요?

흔히 승자가 되기 위해서는 고등 교육을 받고, 훌륭한 능력을 갖추어야 한다고 말합니다. 이러한 생각에는 정상에 선 사람은 그럴만한 능력이 있기에 성공했다는 믿음이 깔려 있습니다. 재능과 능력이 있다면 무엇이든 원하는 것을 누릴 자격이 있다고 생각하는 능력주의를 향한 믿음 말입니다.

이제 우리 사회의 많은 사람이 믿고 따르는 능력주의를 의심해 보려고 합니다. 성공한 사람은 마땅히 받아야 할 노력의 대가를 받은 것일까요? 노력해서 능력을 얻으면 누구나 승자가 될 수 있다는 믿음은 사회에 긍정적인 영향을 미칠까요? 능력주의에 대한 이러한 의심에서 출발하여, 모두를 위해 더 나은 세상을 만들어 갈 '공동선'이 무엇인지 고민해 보는 길을 향해 나아가 봅시다.

나는 한 가지를 간절히 바랍니다. 우리의 여행에서 "우리는 모두 함께입니다!"라는 의미를 찾기를 말입니다.

1 돈도 능력인가요?

"돈도 학생의 능력인가요?"
무슨 어이없는 질문이냐고요?
하지만 윌리엄 싱어의 '입시 부정 사건'을 들어 보면
생각이 달라질지도 모릅니다.
우리의 상식으로는 믿을 수 없는 일이 벌어졌기 때문입니다.
그것도 21세기 미국에서 말입니다.

점수가 모자라면 답안지를 조작해 드립니다!
운동을 못하면 운동선수 사진과 합성해 드립니다!
돈만 가져오세요!

- **대학 입학시험 성적 조작**   7만 5천 달러 (약 9천만 원)
- **예일대 축구 특기생 입학**   120만 달러 (약 15억 원)
- **연예인 가족 할인가**   1만 5천 달러 (약 1천 8백만 원)

확실한 입학을 보장합니다!

2019년 미국을 떠들썩하게 한

대형 입시 부정 사건!

부자 부모들이 불법적인 수단을 써서

자녀를 명문대에 입학시켰습니다.

거액의 기부금을 내고 입학하는
'뒷문'이 아닙니다.
우리는 가짜 시험 점수, 가짜 자격증, 가짜 사진,
뇌물 먹이기 등 **옆문 뚫기**를 합니다.
옆문이 더 싸고,
더 확실한 입학을 보장하지요!

입시 부정 사건의 주모자
윌리엄 싱어(William Singer)

> 특권층 부모들이 부정을 저질러 가며
> 자기 아이들을 명문대에 입학시켰다고요?

> 평등과 공정을 외쳐 대던 엘리트들이
> 대학 입시 비리라니요!
> 정말 위선적이네요!

> 자기 아이들을 좋은 대학에 보내려고
> 진짜 입학할 자격이 있는 아이들을
> 희생시키다니, 공정하지 않아요!

사람들은 그 어느 때보다 분노했습니다.

이는 노력한 만큼 결과를 얻어야 한다는

능력주의에 대한 믿음을 배반한 행위였으니까요.

그런데 의문이 들지 않나요?
자녀에게 재산을 물려주면 그만일 부자들이
왜 굳이 불법을 저지르면서까지
자녀를 명문대에 입학시키려고 했을까요?

능력주의를 완벽히 따르기만 하면,
입시 부정 없는 시험으로 합격을 결정하면,
대학 입시는 완전히 **공정**해질까요?

돈도 능력인가요?

이 책을 대학 입시 이야기로 시작해 보려 합니다. 아무래도 여러분이 가깝게 느끼는 문제이기도 할 테니까요. 2019년 미국에서는 수개월 동안 윌리엄 싱어의 대학 입시 부정 사건이 주요 뉴스로 다루어졌습니다. 윌리엄 싱어가 시험 성적을 조작하고, 입시 관계자에게 뇌물을 주는 등 불법적인 수단으로 부유층의 자녀들을 명문대에 입학시킨 입시 부정 사건은 대중의 관심과 분노를 일으켰지요.

왜 대중은 입시 부정 사건에 높은 관심을 보였을까요? 미국에서는 최근 수십 년 동안 불평등이 점점 심해졌습니다. 극소수만이 부유함을 누리고, 더 나은 계층으로 올라갈 기회는 줄어들었지요. 대학 학위가 있느냐 없느냐에 따라 벌어들이는 돈이 달라졌고, 어느 대학을 나왔는지도 더욱 중요해졌습니다. 명문대 졸업장이 누구나 원하는 성공의 열쇠가 된 상황에서 학생이 가진 능력이 아니라 부모가 가진 돈으로 불공정하게 대학 입시의 운명이 갈린 사건은 많은 사람을 분노하게 했습니다.

그런데 이상하지 않나요? 그냥 돈을 물려주면 그만인데, 왜 부자 부모들은 불법을 저질러 가며 자녀를 명문 대학에 입학시키려고 했을까요? 자녀에게 비밀로 하면서까지 말입니다. 아마도 자신의 자녀들이 "내 힘으로 해냈다."라는 자부심을 느끼게 하고, 다른 사람들로부터 인정받기를 원했기 때문이겠지요. 자녀들이 "내 성공은 내가 해낸 것, 그래서 나는 그 성공을 누릴 자격이 있다."라고 생각하며 자신의 성공을 마음껏 누리도록 말입니다.

능력주의는 부와 명예, 권력 등 사회적 재화가 각자의 능력에 따라 배분되어야 한다는 생각을 담고 있습니다. 능력주의를 따라야 한다고 생각하는 사람들은 동문 자녀 우대 입학이나 기부금 입학 등 미국의 불평등한 대학 입시 제도를 지적하며, 대학 입시 제도가 능력주의를 따르지 않았기 때문에 불공정하다고 주장합니다. 그렇다면 학생을 오로지 성적만으로 평가한다면 공정한 걸까요? 우리 사회가 불공정하게 된 것은 능력주의 원칙을 제대로 지키지 않았기 때문일까요?

생각해 보세요. 정당한 과정으로 대학에 입학한 학생에 대해서요. 그 학생이 모든 것을 자기 능력만으로 해냈다고 볼 수 있을까요? 그가 성공할 수 있도록 도와준 부모와 교사의 노력은요? 그가 타고난 재능과 자질은 그의 노력으로 얻은 것인가요? 그가 재능을 발휘할 수 있는 가정 환경에 태어난 것도 그의 능력으로 볼 수 있나요? 이렇듯 각자의 능력이라고 믿었던 것들이 실제로는 '우연한 행운'에서 비롯된 것이라는 사실을 생각해야 합니다.

나는 현대 사회를 지배하는 능력주의에 큰 문제가 있다고 봅니다. 그렇기에 능력주의 원칙을 잘 따르는 사회가 공정한 사회라고 생각하지 않습니다. 능력주의는 승자에게는 "나는 내 스스로 해냈다."라는 잘못된 승리감을 안겨 주고, 실패한 사람에게는 "누구의 잘못도 아닌 내 자신의 잘못"이라는 패배감을 심어 줍니다. 실제로는 유전적 요인이나 그 사람을 둘러싼 환경 등이 성공에 많은 영향을 끼치는데도 말입니다.

여러분에게 질문합니다. 오직 능력으로 평가하는 것이 옳다고 주장하는 능력주의는 정말로 공정할까요? 능력주의를 믿고 따르는 것이 공정한 사회를 만드는 가장 좋은 방법일까요?

2
2016, 대중의 선택은?

지난 2016년 세계가 들썩였습니다.
미국에서는 도널드 트럼프가 대통령으로 당선되었고,
영국은 브렉시트를 결정했습니다.
누군가는 환영했겠지만
나는 걱정스럽습니다.
왜일까요?

2016년 미국 대통령 선거.

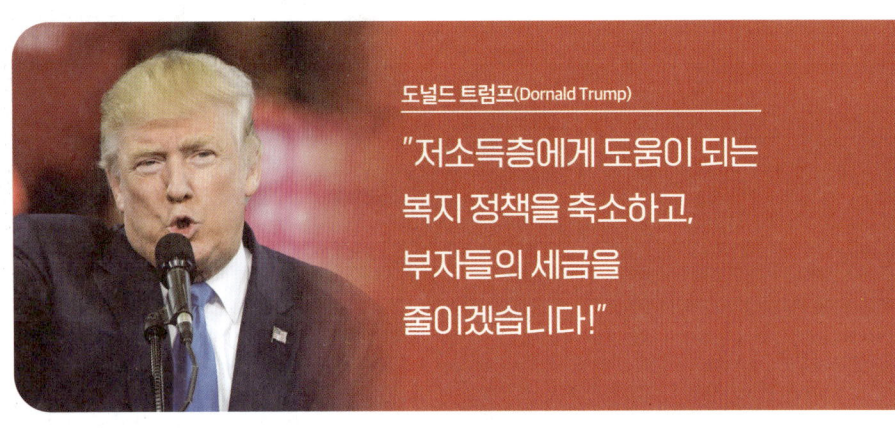

도널드 트럼프(Dornald Trump)

"저소득층에게 도움이 되는 복지 정책을 축소하고, 부자들의 세금을 줄이겠습니다!"

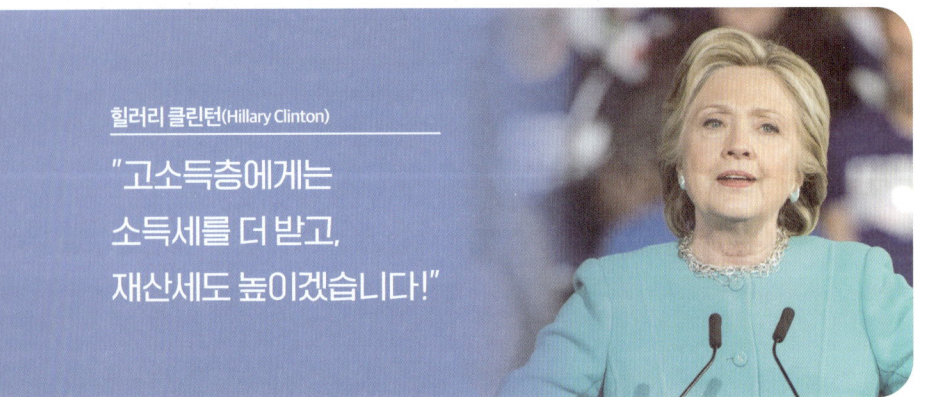

힐러리 클린턴(Hillary Clinton)

"고소득층에게는 소득세를 더 받고, 재산세도 높이겠습니다!"

알다시피 이 선거의 승리자는 도널드 트럼프였습니다.

그런데
우리는 한 가지 흥미로운 사실을 확인했습니다.

도널드 트럼프는 저소득층을 위한 복지를 줄이겠다고 했는데도,
소득 불평등이 더 심한 지역,
대학 교육을 받은 사람이 적은 지역에서 승리했습니다.

힐러리 클린턴은 부자들의 세금을 올리겠다고 공약했는데도,
"미국 국내 총생산(GDP)의 3분의 2를 생산하는"
세 곳(캘리포니아, 텍사스, 뉴욕) 중 두 곳(캘리포니아, 뉴욕)에서 승리했습니다.

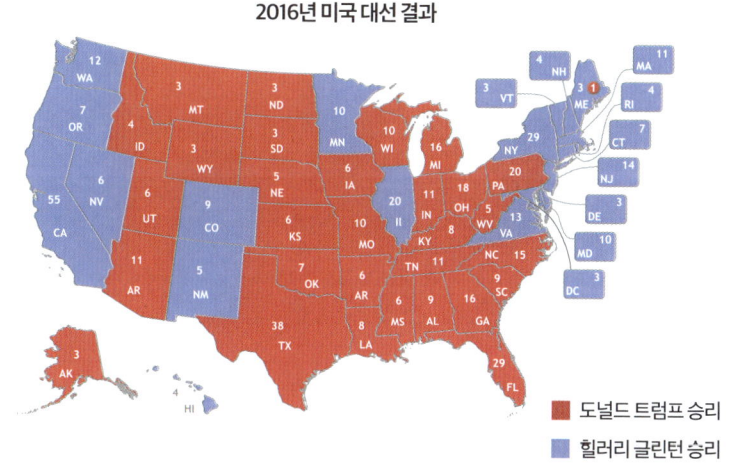

2016년 미국 대선 결과

결과를 보면, 사람들이 자신의 이익과는 상관없는 후보를 지지한 듯 보입니다.

왜 이런 결과가 나왔을까요?

같은 해, 영국에서도 투표가 있었습니다.
이른바 '브렉시트'를 결정하는 투표였지요.

> **브렉시트(Brexit)**
> 영국이 **유럽 연합**(EU)을 **탈퇴**한다는 의미를 가진 단어로,
> **영국**(Britain)과 **탈퇴**(exit)라는 두 단어를 합쳐서 만든 합성어입니다.

당시 영국 총리는 국민 투표를 통해
영국이 유럽 연합에서 탈퇴할지 여부를 결정하기로 했습니다.

전문가들은 연일 TV에 나와 영국이 유럽 연합에서 탈퇴하면
경제, 무역, 문화 교류에서
엄청난 손해를 보게 될지 모른다고 경고했습니다.

그런데 영국의 브렉시트 투표 결과는?

투표 결과,
소득이 더 적은 사람들, 교육 수준이 더 낮은 사람들이
브렉시트를 더 지지했던 것으로 밝혀졌습니다.
**왜 사람들은 자신들에게 불리한 정책에
투표했을까요?**

어떤 사람들은
트럼프의 미국 대통령 당선과
브렉시트를 결정한 영국의 국민 투표 결과를 두고
포풀리즘(Populism)**이 승리했다**고 말합니다.

> **포풀리즘**
> 대중의 입장에 따른 정치를 강조하는 정치사상 또는 태도입니다.
> 대중의 인기만 좇아 장기적으로 좋지 못한 선택을 하게 해 비판받기도 합니다.

자신에게 돌아올 이익을 고민한 결과라기보다는,
외국인 혐오와 극단적인 민족주의를 부추기며 대중을 현혹시킨
정치인들에게 휘둘린 결과라고 말입니다.

정말 이것이 이유였을까요?

쉽게 납득하기 어려운 2016년의 두 사건.
나는 그 원인을 이렇게 생각합니다.

성공과 부를 거머쥔 승자에게는 오만함을,
가난하고 소외된 자에게는 굴욕감을 던져 준
능력주의를 향하여 쌓인
대중의 분노가 폭발한 결과라고 말입니다.

점점 심해지는 빈부 격차와 불평등을
'능력 탓'이라고 감내하며 참아 왔던 사람들이,
마침내 투표를 통해 자신들의 불만을 터뜨린 것이라고요.

2016, 대중의 선택은?

2016년 미국 대선에서 도널드 트럼프는 노동자들에게 도움이 될 보건·복지 정책을 축소하고, 부자들의 세금은 줄이겠다고 공약했습니다. 그럼에도 많은 노동자가 트럼프를 지지했습니다. 왜 노동자들은 자신에게 이익이 되지 않는 선택을 했을까요?

한편, 영국의 브렉시트 투표에서는 이민자에 대한 혐오와 극단적인 민족주의(민족을 매우 중요하게 여기는 태도. 극단적으로 치달으면 다른 민족을 배척하기도 합니다.)가 두드러졌습니다. 당시 영국에는 이민자들이 일자리를 빼앗아 간다고 생각하는 사람이 많았고, 유럽 연합에 속한 나라들이 난민을 받아들여야 한다는 사실에 반감을 가지는 사람도 많았습니다. 결국 많은 영국 국민이 유럽 연합을 탈퇴하는 쪽을 선택했습니다.

이 두 사건을 분석한 사람들은 두 가지 진단을 내렸습니다. 첫 번째는 이민자, 외국인 노동자, 난민 등이 자신보다 많은 혜택을 누린다고 생각한 대중이 분노했다는 것입니다. 두 번째는 세계화와 기술 혁신의 시대를 맞이한 노동자들이 불안을 느꼈다는 것입니다. 노동자들은 임금이 낮은 다른 나라의 노동자들과 경쟁하게 되었고, 기술의 발달 때문에 계속해서 새로운 기술을 익혀야 하는 부담을 지게 되었습니다. 이렇게 일자리를 잃을 위기에 처한 노동자들이 권력을 가진 엘리트들을 향한 분노를 드러냈다는 것이지요.

이 두 가지 진단은 어느 정도 맞는 분석입니다. 하지만 최근 나타난 노동자들의 분노는 주류 정당이나 엘리트들에게 어느 정도 책임이 있습니다. 엘리트들의 정치가 대중을 분노하게 했으니까요.

정치인들은 전문적인 지식과 기술을 가진 전문가들을 정부의 중요한 자리에 앉히며 기술관료제 정치를 펼쳤습니다. 효율성을 중요하게 여기는 기술관료제 정치는 도덕적 판단보다는 시장의 원리만 중시했습니다. 경제적으로 효율적인지 아닌지, 이익이 되는지 아닌지 만을 따지며 정치적 결정을 내렸지요. 정치인들은 일반 대중의 목소리보다는 전문적인 지식과 기술을 가진 관료들의 목소리에만 귀 기울였습니다. 의견을 무시당한 대중은 무력감을 느꼈지요. 대중은 정치를 이끌고 정책을 펼치는 엘리트 정치인과 기술관료들로부터 소외되어 분노했습니다.

생각해 보세요. 자신의 목소리를 무시하는 정치인들과 관료들이 만든 정책에 따라 살아가면서, 자신이 성공하지 못한 건 자신의 능력이 부족하기 때문이라고 절망해야 하는 사람들을요. 게다가 패배자라고 무시당하기까지 하는 기분을요. 결국 대중은 자신의 이익과는 상관없이 엘리트들의 주장과는 정반대인 선택을 골라 투표했습니다. 능력주의 사회에서 소외된 대중은 엘리트들을 향해 분노했고, 그 분노가 투표를 통해 드러났던 것입니다.

 기술관료제(Technocracy)

기술(technology)과 관료(bureaucracy)의 합성어로, 전문적 지식이나 과학 기술 등에 의한 지배를 말합니다. 과학 기술의 영향과 역할이 커지는 현대 사회에서는 과학적 지식·기술을 가지면 권력에 쉽게 접근할 수 있으므로, 과학 기술을 가진 사람이 사회를 관리·운영·조작할 수 있다는 주장입니다. (출처: 기획재정부 시사경제용어사전)

3

빈부 격차를
그럴싸하게 설명하는 법

부자는 더 부자가 되고

가난한 사람은 더 가난해지고 있습니다.

왜 빈부 격차는 점점 커져만 갈까요?

이 문제를 그럴싸하게 설명할 수 있을까요?

미국인과 유럽인에게 물었습니다.
열심히 노력하면 스스로의 힘으로 가난에서 벗어날 수 있을까요?

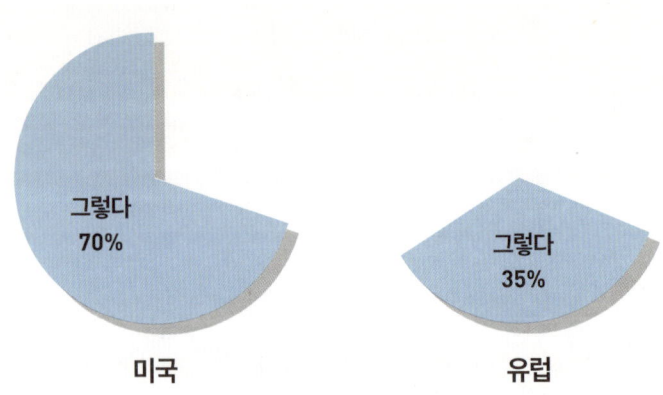

미국 그렇다 70%

유럽 그렇다 35%

미국인이 유럽인보다 더 긍정적으로 답변했군요.

유럽 사회는 계급이 뚜렷한 사회지.
반면 미국에서는 재능 있고 성실하다면
계층 상승이 얼마든지 가능해!

미국인들의 이 믿음은 사실일까요?

세계의 빈부 격차는 갈수록 커지고 있습니다.

1970년대부터 늘어난 미국의 국민 소득은
부유한 상위 10퍼센트에게 돌아갔습니다.
가장 부유한 1퍼센트 미국인이
하위 50퍼센트가 버는 것보다 더 많이 법니다.

그럼 불평등하게 주어진 것은
소득뿐일까요?

학력도 대물림되고 있습니다.

하버드와 스탠포드 대학생
3명 중 2명이 소득 상위 20퍼센트 가정 출신이고,
아이비리그 대학생 가운데
소득 하위 20퍼센트 가정 출신은 100명 중 4명이 안 됩니다.
하버드와 그 밖의 아이비리그 대학
소득 상위 1퍼센트 출신 학생은
소득 하위 50퍼센트 출신 학생보다 많습니다.

미국의 소득 기준 하위 20퍼센트 가정 출신자는 20명 가운데 1명만 소득 상위 20퍼센트에 이르렀고, 대부분은 중산층에도 이르지 못합니다.

가난한 부모에게서 태어난 미국인은 성인이 되어서도 대개 가난하게 삽니다.

스스로의 재능과 노력이 있다면
능력껏 원하는 것을 가질 수 있다,
기회가 평등하다면
얼마든지 평등한 사회를 만들 수 있다는 말은
더 이상 **불평등에 대한 변명**이 될 수 없습니다.

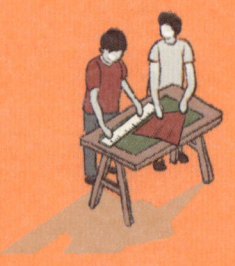

"열심히 노력하면 더 높이 올라갈 수 있다!"
"하면 된다!"

・
・
・

여러분은 여전히 기회가 평등하다면
스스로의 힘으로 '계층 이동 사다리'를 오를 수 있다고 믿나요?

3 빈부 격차를 그럴싸하게 설명하는 법

'아메리칸 드림(American Dream)'이라는 말을 들어 봤나요? 미국은 모든 사람에게 성공의 기회를 주는 곳이며, 열심히 노력한다면 출신과 배경에 상관없이 누구나 부자가 될 수 있다는 희망이 담긴 말입니다. 그러나 안타깝게도 이 말은 점점 의미를 잃어 가고 있습니다. 가난한 부모에게서 태어난 미국인은 성인이 된 뒤에도 대개 가난하게 삽니다. 가난한 가정에서 태어난 사람 20명 가운데 1명만이 부자가 되었고, 대부분은 중산층도 되지 못합니다.

더욱 걱정스러운 통계도 있습니다. 하버드와 스탠포드 대학생의 3명 중 2명은 소득 상위 20퍼센트 안에 드는 가정 출신입니다. 부자 부모에게서 태어나면 부자가 될 확률도 높고, 명문 대학에 들어갈 확률도 높습니다. 재산뿐 아니라 학력까지 대물림된다는 말입니다.

오늘날 아메리칸 드림은 닿을 수 없는 신기루가 된 듯합니다. 그러나 미국인 대다수는 여전히 노력하면 더 높은 계층에 도달할 수 있다고 믿습니다. 이러한 믿음은 미국이 유럽 국가들보다 복지 제도에 소극적인 태도를 보이는 이유입니다. 노력하면 성공할 수 있다는 믿음은 가난이 노력하지 않은 개인의 탓이라고 생각하게 만듭니다.

이는 한국도 마찬가지입니다. '세계 불평등 보고서 2022'에 따르면, 한국의 소득 상위 10퍼센트가 차지하는 소득은 하위 50퍼센트의 소득보다 14배나 많습니다. 이는 유럽 국가들의 2배에 이르는 큰 수치입니다. 이 보고서는 한국이 충분한 복지 정책을 세우지 않은 채, 경제 성장만을 추구하면서 불평등이 심화되었다고 지적합니다.

높은 계층을 향한 사회적 이동이 가능하기 위해서는 복지 제도의 역할이 중요합니다. 가난한 사람이 부자로 올라서는, "개천에서 용이 나는 일"은 미국보다 캐나다, 독일, 덴마크, 유럽 등 복지 제도가 잘 갖춰진 나라에서 더 많이 일어납니다. 저소득층이 가난에서 벗어나는 일은 개인의 의지와 능력보다는 교육, 보건, 일자리 등에서 삶을 뒷받침해 주는 수단이 얼마나 잘 갖춰져 있고, 쉽게 접근할 수 있느냐에 달려 있습니다.

현실이 이러한데, 개인의 재능과 노력을 중시하는 능력주의만을 강조하는 것은 우리 사회에 잘못된 영향을 줄 수 있습니다. 능력주의만을 강조하는 사회에서는 가난을 벗어나지 못하고, 더 높은 지위와 명예를 얻지 못한 것이 '능력 없는 나의 잘못'이 되기 때문입니다. 타고난 환경이 좋지 않았거나, 부족한 복지 제도 등 사회의 문제들은 무시한 채 말입니다. 이것이, 능력주의가 불평등을 해소하는 방법이 될 것이라는 설명이 그럴싸한 설명이 될 수 없는 이유입니다.

사회가 건강한 방향으로 나아가기 위해서는 합리성보다는 공동체를 위한 도덕적이고 진실된 방법을 찾아가야 합니다. 사회적 약자를 보호하고, 불평등을 개선하기 위한 복지 제도에 관심을 가져야 합니다. 능력주의를 강조하는 것만으로는 지금의 불평등 문제를 해결할 수 없습니다.

4
신에 의해서, 능력에 의해서

지난 2008년 미국에서 시작된 금융 위기로
전 세계 경제는 큰 위기를 맞았습니다.
그러나 이 사태를 일으킨 금융업 종사자들은
거액의 보너스를 챙기기 바빴지요.
사람들이 비난하자,
그들은 이렇게 말했습니다.
"우리는 신의 일을 하는 사람들이니까요!"

2008년 세계 금융 위기는
미국에서 **주택 담보 대출**을 하던
금융 기관들로부터 시작되었습니다.

집값이 올라서 큰돈을 버는 사람이 늘자,
많은 사람이 돈을 대출받아 집을 샀습니다.
대출 이자를 노린 금융 기관들은 **신용도가 낮은 사람**에게도
집을 담보로 돈을 빌려주었지요.

금융 기관들은 여기서 그치지 않고 더 많은 돈을 벌기 위해
위험도가 높은 금융 상품을 만들었습니다.

그러나 얼마 뒤,
대출 이자를 감당하지 못하는 사람이 늘어났습니다.

돈을 빌린 사람들이 줄줄이 **파산**하고,
이들에게 마구잡이로 돈을 빌려주었던 금융 기관들도
잇달아 무너졌습니다.

미국에서만 800만 명이 일자리를 잃고,
600만 명이 집을 잃었습니다.

위험을 감수하며 큰 이익을 노렸던
금융 기관들의 도박 같은 투자가
만들어 낸 비극이었습니다.

그런데 얼마 뒤,
국민의 세금으로 겨우 되살아난 금융 기관의 경영진이
수백억 달러의 보너스를
받겠다고 발표했습니다.

게다가 한 금융 기관의 최고 경영자가,
금융 위기가 일어나기 1년 전
막대한 보너스를 챙겼다는
사실까지 드러났습니다.

국민들은 분노했습니다.
엄청난 수의 실업자와 노숙인을
만든 잘못이 있는 경영자들이
자신만의 이익을 챙기다니요!

어마어마한 경제 위기를 불러온
금융 기관의 경영진들은
왜 반성하기는커녕 '돈 잔치'를 벌였을까요?

수백억 달러의 보너스를 챙긴
한 투자 은행 최고 경영자의 대답은 충격적입니다.
"우리는 신의 일을 하는
사람들이니까요."

그는 어째서 이렇게 말했을까요?
무엇이 그를 당당하게 만들었을까요?

4 신에 의해서, 능력에 의해서

기독교의 성서에서는 '자연에 의해 일어나는 일은 그만한 이유가 있어서 일어나는 것'이라고 가르칩니다. 좋은 날씨와 풍성한 수확은 인간의 선행에 대한 신의 보답이고, 가뭄과 역병은 인간이 저지른 죄에 신이 내린 벌이지요. 신이 상을 내리고 벌을 준다는 사고방식은 오늘날에도 우리의 머릿속에 남아 있습니다. 어떻게 보면 능력주의의 기원은 이러한 사고방식입니다. 부유함은 재능과 노력의 보상이고, 가난함은 게으름의 결과로 보는 능력주의 사고와, 신이 선함에 상을 주고 악함에 벌을 내린다는 생각은 그리 멀지 않아 보입니다.

능력주의의 바탕은 '성공한 사람은 그럴 만해서 성공했다'는 믿음입니다. 마치 신을 믿던 시대에 선한 이가 신의 축복을 받는다고 생각되었던 것처럼, 성공한 사람은 그의 미덕이 성공으로 나타났다고 여겨집니다. 그래서 성공한 사람은 자신이 성공할 만했기에 성공했다는 오만한 태도를 보이고, 실패한 사람은 실패를 자신의 잘못이라고 생각하며 좌절을 느낍니다.

앞에서 이야기한 금융 기관 경영진을 떠올려 보세요. 국민의 세금으로 망해 가는 회사를 살려 놓았더니 자신의 보너스부터 챙겼습니다. 그러고는 자기 스스로를 "신의 일을 하는 사람"이라고 부릅니다. 자기는 자신의 능력으로 그 자리까지 올랐으니 큰 보너스를 받을 만한 충분한 자격이 있다고 생각한 것입니다. 이들이 보이는 태도는 능력주의적 사고의 한 측면입니다.

이런 논리에 따르면 건강이 좋지 않은 사람은 그 누구도 아닌 자기 탓을 해야 합니다. 규칙적으로 생활하고, 몸에 좋은 음식을 먹는 등 똑바로 살았다면 건강했을 것이라는 생각, 충분한 노력을 기울인다면 누구나 건강을 지킬 수 있다는 믿음은 개인에게 건강하지 못한 책임을 돌리게 합니다. 그래서 건강을 지키는 것은 알아서 할 일이라고 믿는 사람들은 건강 보험 제도를 비판하기도 합니다.

각자의 경제적 성공과 실패, 그리고 건강까지……. 모든 것이 자신의 능력과 노력에 따라 주어진 것이라고 생각하는 일은 우리 사회 구성원 모두에게 가혹한 부담을 주는 능력주의의 어두운 면입니다.

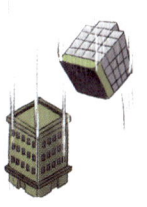

 2008년 세계 금융 위기

2008년 세계 금융 위기는 '서브프라임 모기지 론(subprime mortgage loan)'이라는 미국의 저신용자 주택 담보 대출(빌린 돈을 갚지 못하면 집으로 빚을 갚는 조건으로 돈을 빌려주는 금융 상품.)로부터 시작되었습니다. 2000년대 들어 미국의 부동산 가격이 급격하게 상승하자, 여러 금융 기관이 신용도가 낮은 사람에게도 돈을 빌려주었고, 미국 주택 담보 대출 중 신용 등급이 낮은 사람에게 빌려준 돈의 규모가 크게 늘었습니다. 그러나 2000년대 중반 집값이 떨어지면서 저소득층은 빌린 돈을 갚을 수 없게 되었고, 빌려준 돈을 돌려받지 못한 금융 기관들이 어려움을 겪기 시작했습니다. 결국 규모가 매우 큰 금융 기관들마저 파산하기에 이르렀습니다. 이후 서로의 금융 상품을 사고팔며 복잡하게 얽혀 있던 여러 나라의 금융 기관도 위기를 맞게 되었으며, 금융 산업이 팽창하던 아이슬란드는 국가 부도 사태를 맞기도 했습니다. 각국은 금융 위기를 해결하기 위해 금융 기업들에게 천문학적인 금액을 지원하였습니다.

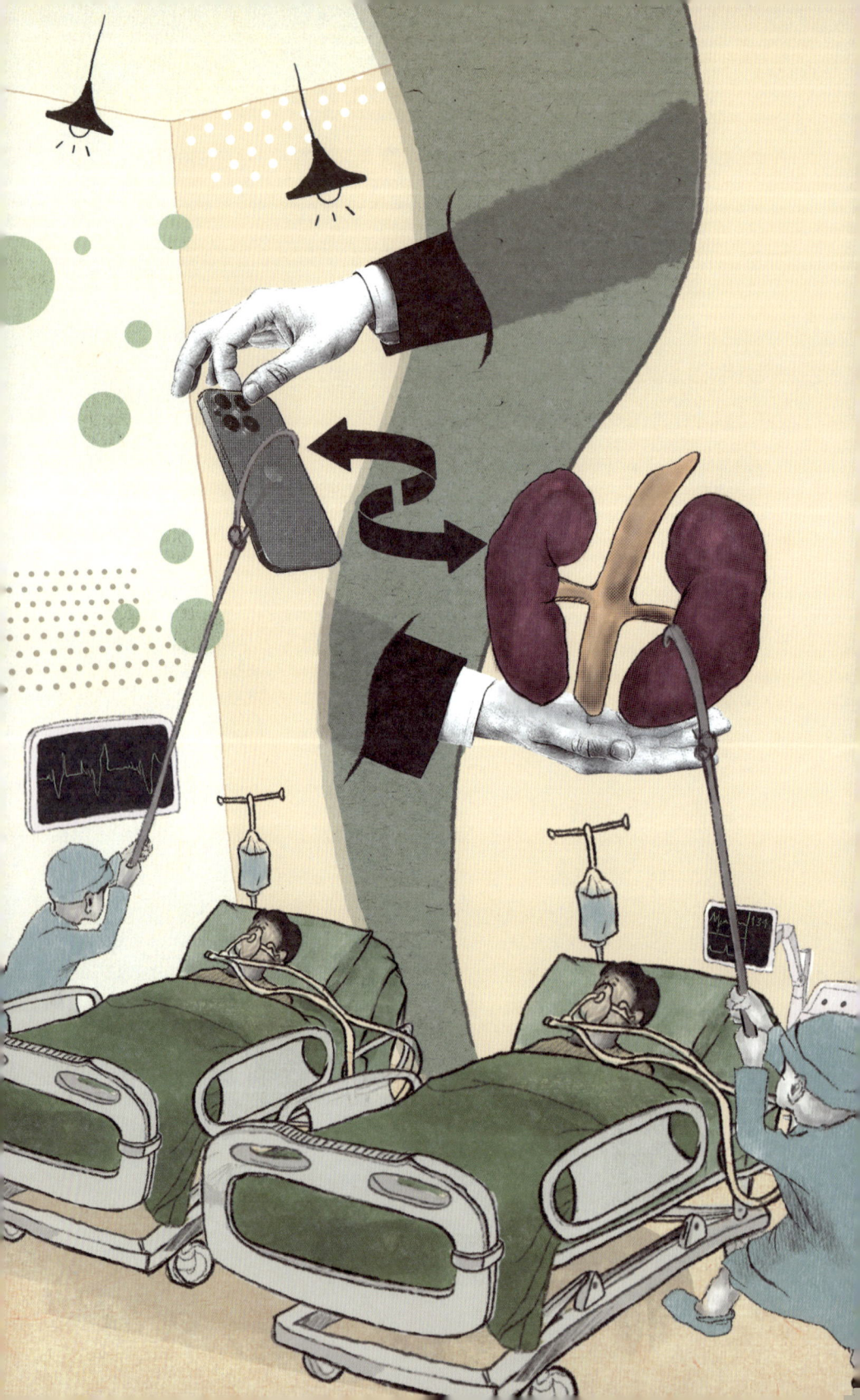

5
그럴 자격이 충분하다?

아이폰과 아이패드를 사려고 신장을 판 10대가 있습니다.
그리고 어느 부유한 사람이 그 신장을 샀습니다.
부자라면 사람의 장기를 사도 되는 걸까요?

중국의 한 대학에서 강의할 때 경험한 일입니다.
당시 신문에 실린 기사를 보며
학생들과 토론을 했습니다.

학생들에게 이 사건을 어떻게 생각하는지
의견을 물었습니다.

10대 학생이 강압이나 협박을 받지 않고 **자유의사에 따라** 자기 신장을 팔기로 했다면 아무 문제가 없다고 봅니다.

가난한 사람의 신장을 사서 부자가 생명을 연장하는 것은 **불공평**합니다.

나를 깜짝 놀라게 한 답변도 있었습니다.

> 부자는 부자가 될 만한 능력을
> 입증한 사람이에요.
> 그러니 신장을 살 능력이 있다면
> 그의 능력으로 생명을 연장해도 됩니다!

부유한 사람은

다른 사람의 장기도 살 수 있는

자격을 가진 걸까요?

'부유한 사람은 무엇이든 가질 자격이 있다'는 생각은
시장 경제에 대한 굳은 믿음에 뿌리를 두고 있습니다.

"기회가 평등하게 주어진 사회라면,
시장은 사람들에게 합당한 몫을 준다."

사람들은 경쟁에서 모두가 **공평한 기회**를 가진다면
능력에 따라 보상받는다고 생각합니다.
따라서 부유한 사람은 능력에 걸맞은 보상을 받은 거라고요.

여러분은 어떻게 생각하나요?

5 그럴 자격이 충분하다

학교에서 학생들과 대화를 나누고, 수업을 하면서 나는 많은 학생이 자신의 재능과 노력으로 성공한 사람은 성공에 대한 보상을 누릴 자격이 있다고 생각한다는 것을 알게 되었습니다. 나는 학생들에게서 능력주의에 대한 믿음이 점점 강해지고 있음을 느낍니다.

부자에겐 그럴만한 능력이 있고, 원하는 것을 누릴 자격이 있다는 생각은 오랫동안 이어진 경제 철학과 관련이 있습니다. 그 시작은 중국 덩샤오핑과 영국 마거릿 대처, 그리고 미국의 로널드 레이건이 이끌던 시대부터였습니다. 이들은 정부가 경제에 개입하는 것보다는, 경제를 자유로운 시장에 맡기는 것이 더 효율적이라고 여겼습니다. 당시는 자본이 자유롭게 이동하는 시장이 경제를 발전시킬 것이라고 믿는 '시장 중심주의' 시대였습니다.

자유로운 시장에 대한 굳건한 믿음은 능력주의로 이어졌습니다. 사람들은 기회가 공정하게 주어진다면 시장이 개인에게 그의 능력에 알맞은 몫을 돌려준다고 믿었습니다. 기회가 공정했다면 부유한 사람들은 그들의 능력에 대한 합당한 결과로 마땅히 받을 보상을 받은 것이기에 혜택을 누릴 자격이 있다고 보았습니다. 그러나 시장이 능력에 합당한 몫을 돌려준다고 믿는 시장 중심주의와, 기회가 공평하다면 개인이 재능과 능력에 따라 성공할 수 있다고 믿는 능력주의에는 도덕적인 한계가 있습니다.

능력주의는 모든 사람에게 인간다운 삶을 보장해야 한다는 복지 국가의 이념에 의문을 품게 했습니다. 그리고 개인의 책임을 강조했습니다. 국가는 "자신의 실수가 아닌 일로 힘겨워하는 사람에게만" 도움을 주겠다며, 지원이 필요한 가난한 이들에게 그들이 자신의 잘못으로 가난한 것이 아니라는 사실을 입증하게 했습니다. 부의 불평등 문제가 능력껏 성공하지 못한 개인의 책임이라고 생각했기 때문입니다.

만약 미국 제44대 대통령 버락 오바마(Barak Obama)가 말했듯이 "열심히 일하기만 한다면, 책임을 다하기만 한다면 성공할 수 있습니다."라는 말이 이루어진 사회라면, 걱정할 일이 아닐지도 모릅니다. 그러나 여러 통계에서 확인할 수 있듯이 부유한 사람은 더 부유해지고, 가난하게 태어난 이들은 부자가 될 기회를 얻기 어려운 상황입니다.

능력주의를 강조하는 정치는 개인에게 잘살고 못사는 것에 대한 책임이 있다고 강조합니다. 가난을 개인의 책임으로 여기면, 어려운 사람들을 지원하는 일에 의문을 품게 되지요. 나아가 기울어진 운동장에 서 있는 가난한 이들에게, 노력하면 더 나은 계층으로 갈 수 있는 능력주의 사회에서 낙오되었다는 자괴감까지 안겨 줍니다. 부자에게는 그럴만한 자격이 있다는 생각을 갖게 하고요. 결국 소득과 부가 불평등한 것을 당연한 것으로 생각하게 만듭니다. 이것이 사회 구성원 모두를 행복한 삶의 방향으로 이끄는 길일까요?

 인물 소개

덩샤오핑(鄧小平) _ 1970년대 말~1990년대 초 중국 정치인. 시장과 외교에서는 개혁·개방 정책을 펼치면서 정치는 사회주의 체제를 유지하여, 정치와 경제를 분리한 중국식 사회주의를 만들었습니다.

마거릿 대처(Margaret Thatcher) _ 1979~1990년 영국 수상. 공기업을 민영화하고, 파업을 강경하게 진압했으며, 사회 복지 지출을 줄이는 등 시장 경제를 중시하였습니다.

로널드 레이건(Ronald Reagan) _ 1981~1989년 미국 대통령. 세금과 사회 복지 지출을 줄이는 신자유주의 경제 정책을 이끌었습니다.

6
'하면 된다', 맞나요?

흥미로운 설문 조사 결과를 소개합니다.
이 결과들을 어떻게 판단할지는
여러분의 몫입니다.

미국인은 성공에 대해 어떻게 생각할까요?

Q1 열심히 일하면 성공할 수 있을까요?

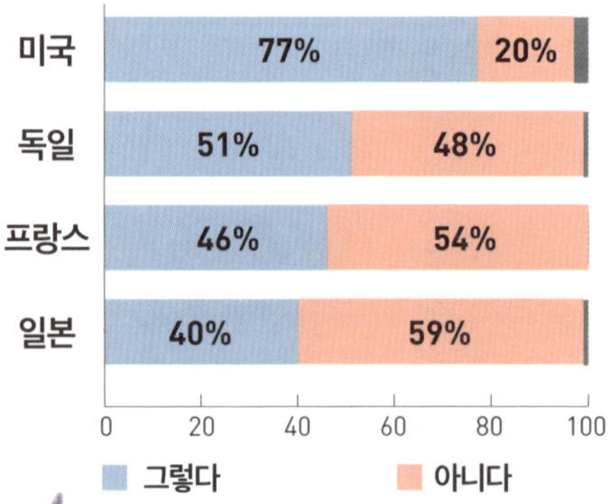

국가	그렇다	아니다
미국	77%	20%
독일	51%	48%
프랑스	46%	54%
일본	40%	59%

> 미국에는 열심히 일하면 성공한다고 생각하는 국민이 다른 나라보다 많군요.

Q2 앞서가는 삶을 살기 위해 가장 중요한 것은?

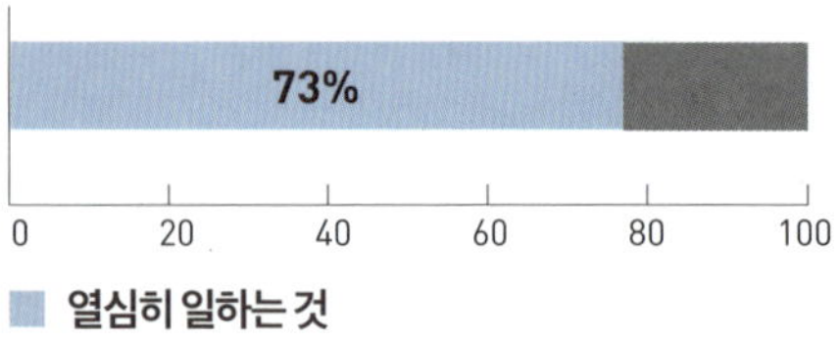

열심히 일하는 것: 73%

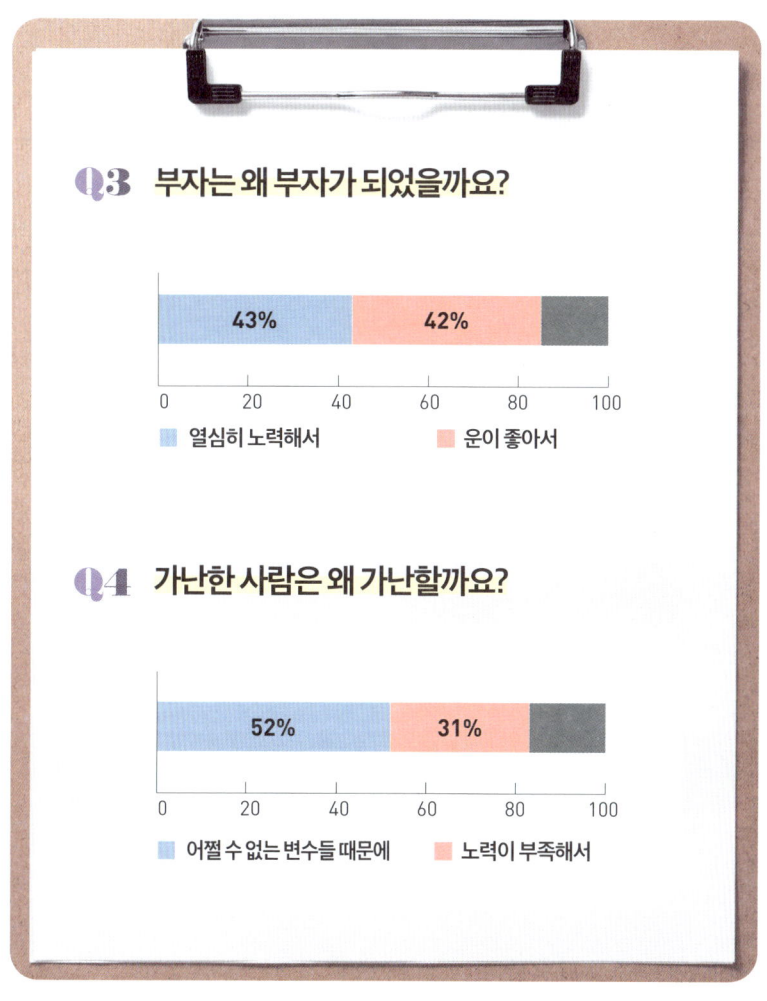

미국인들은 열심히 일하면 부자가 될 수 있다고 믿지만, 가난은 어쩔 수 없는 환경 탓이 크다고 생각하는 듯합니다. **열심히 일하면 성공한다는 믿음과는 조금 거리가 먼 대답이군요.**

1940년대에 태어난 미국인 가운데

10명 중 9명은 부모보다 많은 수입을 올렸습니다.

반면, 1980년대에 태어난 미국인은

겨우 **절반**이 부모보다 수입이 많습니다.

시간이 지날수록

부자는 더욱 부자가 되었지만,

가난한 사람은 더 가난해지고

돈도 학력도 대물림되고 있습니다.

가난하게 태어난 사람이 부자가 될 확률은 희박합니다.

이제 '자수성가한 부자'라는 꿈은 이룰 수 없는 꿈이 된 건 아닐까요?

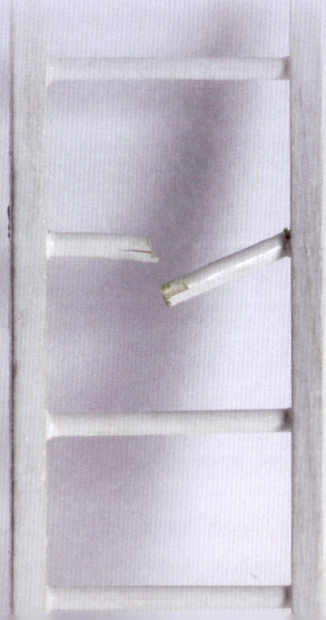

마지막으로
한국인을 대상으로 한 조사 결과를 공개합니다!

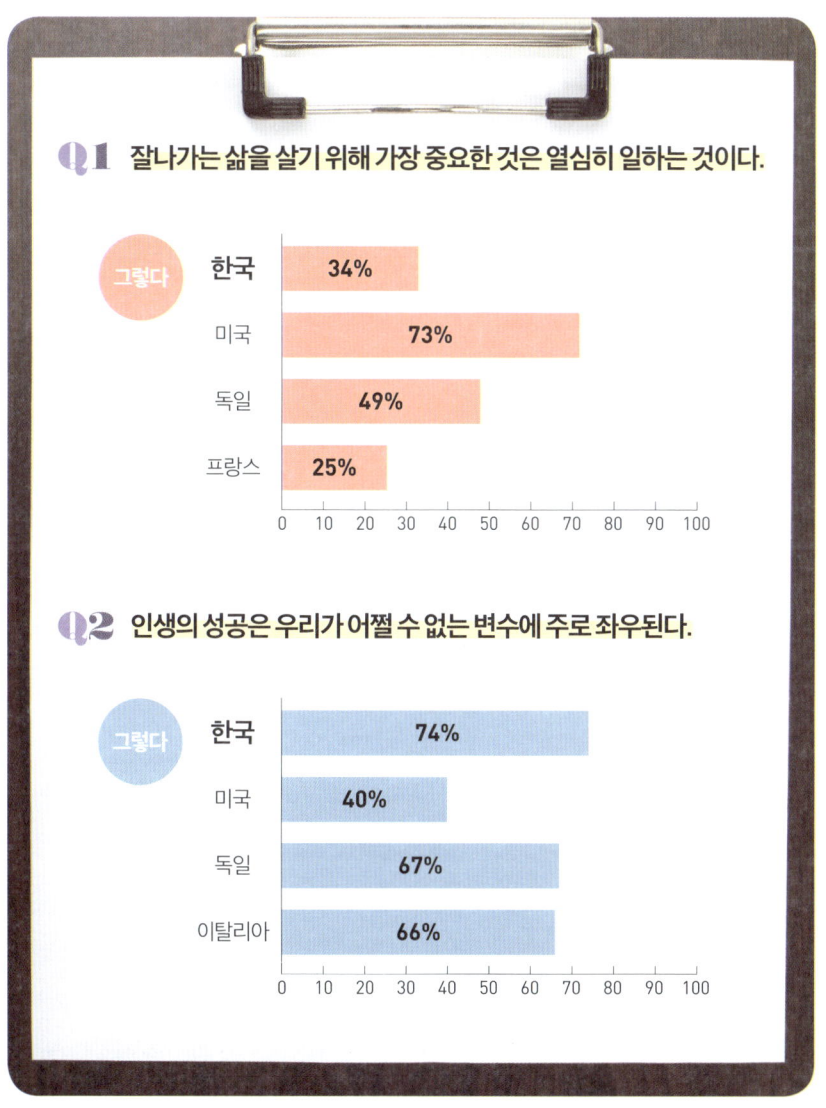

여러분은 어떻게 생각하나요?

6 '하면 된다', 맞나요?

아래는 미국의 대표 일간 신문 《뉴욕 타임스(The New York Times)》에 실린 한 기사입니다.

"열여덟 살짜리 두 소년이 있다. 한 명은 중국에, 다른 한 명은 미국에 살고 있다. 둘 다 가난하며 장래 상황이 나아질 전망도 어둡다. 둘 중 어느 쪽이 더 경제적으로 출세할 가능성이 있겠는가?"

여러분은 어느 나라의 소년이 훗날 성공할 가능성이 더 높다고 생각하나요? 이 신문 기사는 미국보다 중국의 소년이 출세할 확률이 높다고 보도했습니다. 세계은행의 조사에 따르면, 중국의 소득 불평등 수준은 미국과 엇비슷하지만 세대 간 이동 가능성은 중국이 더 높기 때문입니다. 미국의 학생들은 이 기사를 읽고 충격을 받았습니다. 미국이야말로 열심히 일하면 성공할 수 있는 기회의 땅이라고 믿었으니까요.

미국이 열심히 일하면 성공할 수 있는 곳이라는 생각은 이제 버려야 할지도 모릅니다. 미국은 다른 많은 나라보다 더 불평등할 뿐 아니라 계층 이동의 가능성도 낮습니다. '노력하면 성공할 수 있다'는 믿음이 불평등한 현실을 당연한 것으로 받아들이게 하는 것은 아닌지 생각해 볼 때입니다.

부자와 가난한 자 사이의 불평등이 커지는 상황에서, 재능과 능력만큼 성공할 수 있다는 능력주의는 허울 좋은 거짓말일 뿐입니다. 똑같은 능력으로 똑같이 성실하게 노력해도 자신을 둘러싼 운과 환경 덕분에 성공한 사람은 그만한 자격이 있는 사람이라고 생각하게 만들고, 그렇지 못해 뒤떨어진 사람은 그럴

만해서 그렇게 되었다고 믿어 버리게 하니까요.

미국의 제44대 대통령 버락 오바마는 다음과 같이 말했습니다. "열심히 공부하고 열심히 일하기만 한다면 재능이 허락하는 한 성공할 수 있습니다. 여러분, 하면 됩니다."라고요. 마치 모든 사람에게 기회가 평등하게 주어진 것처럼 들리지 않나요? 우리 사회가 이미 열심히 일하면 성공할 수 있고, 재능이 허락하는 한 누구나 성공할 수 있는 곳이 된 것처럼 들립니다. 그렇다면 현재 누군가의 실패와 가난은 그의 노력과 재능이 부족했기 때문일까요?

"내 운명의 책임자는 나 자신", "성공과 실패는 내가 하기 나름"이라는 익숙한 말을 냉정하게 따져 봐야 할 때입니다. 성공의 기회가 누구에게나 주어져 있다고 생각한다면, 엄연히 존재하는 불평등을 제대로 인식하지 못하게 될 수도 있습니다.

마지막으로 여러분에게 질문이 있습니다. 한국의 빈부 격차는 미국과 비교해 어떤가요? 한국은 '하면 된다'라는 말이 통하는 곳인가요?

7 교육만이 답일까요?

"성공의 열쇠는 교육입니다."
많이 들어 본 말인가요?
그럼 지금부터 의심해 보세요.

누구나 출발선이 같도록!
누구나 평등한 기회를 누리도록!

정치인들은 공평한 경쟁을 주장하며
교육의 중요성을 강조했습니다.

"해답은 교육입니다!"

조지 H. W. 부시
(George H. W. Bush, 미국 제41대 대통령)

"정부가 제일 먼저 추구해야 할 세 가지,
저는 이렇게 답하겠습니다.
교육입니다. 교육이지요. 교육이라고요."

토니 블레어 (Tony Blair, 영국 전 총리)

"우리가 뭘 얻을 수 있느냐는
우리가 뭘 배울 수 있느냐에
달려 있습니다."

빌 클린턴 (Bill Clinton, 미국 제42대 대통령)

미국 제44대 대통령 버락 오바마의 연설도 들어 볼까요?

기업들은 최고 수준의 교육을 받은
사람들을 원합니다.
여러분의 교육 수준이 높지 못하다면
충분한 임금을 주는 일자리를
찾기 어려울 겁니다.

오바마는
높은 교육 수준이
높은 소득을 보장하며
우리를 더 나은 생활로
이끈다고 말했습니다.

> 불평등을 해소하기 위해서는
> 교육만이 해답이군요!

> 흠, 글쎄요!

작가 토머스 프랭크(Thomas Frank)는

불평등을 해결할 방법으로

교육을 꼽는 것을 비판했습니다.

"교육만을 강조하는 것은 사실 해답도 뭣도 아닙니다.
스스로의 성공에 취한 승자들은 불평등이란
시스템의 실패가 아니라
실패자 개인의 실패라고 주장하지요."

모두가 동등한 교육을 받고,
좋은 대학에 들어가면
불평등이 해소될 것이라고 생각하나요?

불평등 문제를 해결하는 데
교육만이 답이라고 생각한다면
능력주의가 가져온 가장 오만하고 고약한 문제,
학력주의를 짚어 봐야 합니다.

학력주의

사람을 평가할 때
그 사람의 능력이나 실력보다
학력을 중시하는 경향을 일컫습니다.

교육만이 답일까요?

　　　　　　　　　　세계화 시대를 맞이하고 불평등이 심화되는 동안, 미국의 정치인들은 불평등, 오르지 않는 임금, 줄어드는 제조업 일자리 등에 대한 해답으로 교육을 내세웠습니다. 노동자가 겪는 경제적 어려움을 교육으로 해결하려고 했지요. 누구나 공평하게 성공의 기회를 가질 수 있도록, 누구나 고등 교육을 받을 수 있게 하는 것을 정책의 가장 중요한 목표로 두었습니다.

물론 교육은 중요합니다. 다만 불평등을 해결할 방법을 교육에서만 찾았다는 점이 문제입니다. 정치인들은 불평등 문제를 직접적인 정책으로 해결하려 하기 보다는, 교육을 받으면 더 나은 기회를 가질 수 있다는 점만을 강조했지요. 고등 교육을 받으면 인종이나 출신 계층이나 성별에 상관없이 누구나 자기 재능과 노력만큼 '위'로 올라갈 수 있다고 주장했습니다. 그러나 불평등 문제와 노동자가 노동의 대가를 충분히 보상받지 못하는 문제를 교육으로 해결하려 한 것은 심각한 부작용을 낳았습니다.

노동자가 겪는 어려움을 해결하는 방법으로 교육만을 내세운다면, 노동자의 성공과 실패는 사회나 기업의 구조적인 문제가 아니라 대학 학력에서 비롯된 개인의 문제로 여겨지고, 학력에 따른 차별이 당연한 것으로 받아들여지게 됩니다. 실제로는 노동자들의 정치적 영향력이 부족하여 자신이 생산한 것에 자기 몫을 요구하기 어렵기 때문에 충분한 임금을 받지 못하는 등 여러 가지 구조적인 문제가 있는데도 말입니다.

또한 교육만을 강조하면 학력이 성공과 실패를 결정한다고 생각하게 만듭니다. 학력으로 승자와 패자를 나누는 것을 정당한 일로 여기게 하지요. 사람의 가치를 그가 가진 실력이나 능력보다는 학력만으로 평가하는 학력주의를 부추기고, 대학에 가지 않은 사람에 대해 편견을 갖게 합니다.

교육만을 강조하기보다는 갈수록 심각해지는 불평등 문제를 적극적으로 해결하기 위한 정책 마련이 더 필요하지 않을까요?

능력주의는 평등한 결과를 약속하지 않습니다. 그 대신 사회적 이동의 기회가 더 많을 것이라고, 더 공정하게 경쟁할 수 있을 것이라고 약속할 뿐입니다. 모두에게 사다리를 오를 수 있는 기회를 공정하게 주었다는 것만으로, 그 사회를 공정한 사회라고 할 수 있을까요? 능력을 발휘할 공정한 기회를 주는 것이 우리 사회의 불평등 문제를 해결할 최선의 방법일까요?

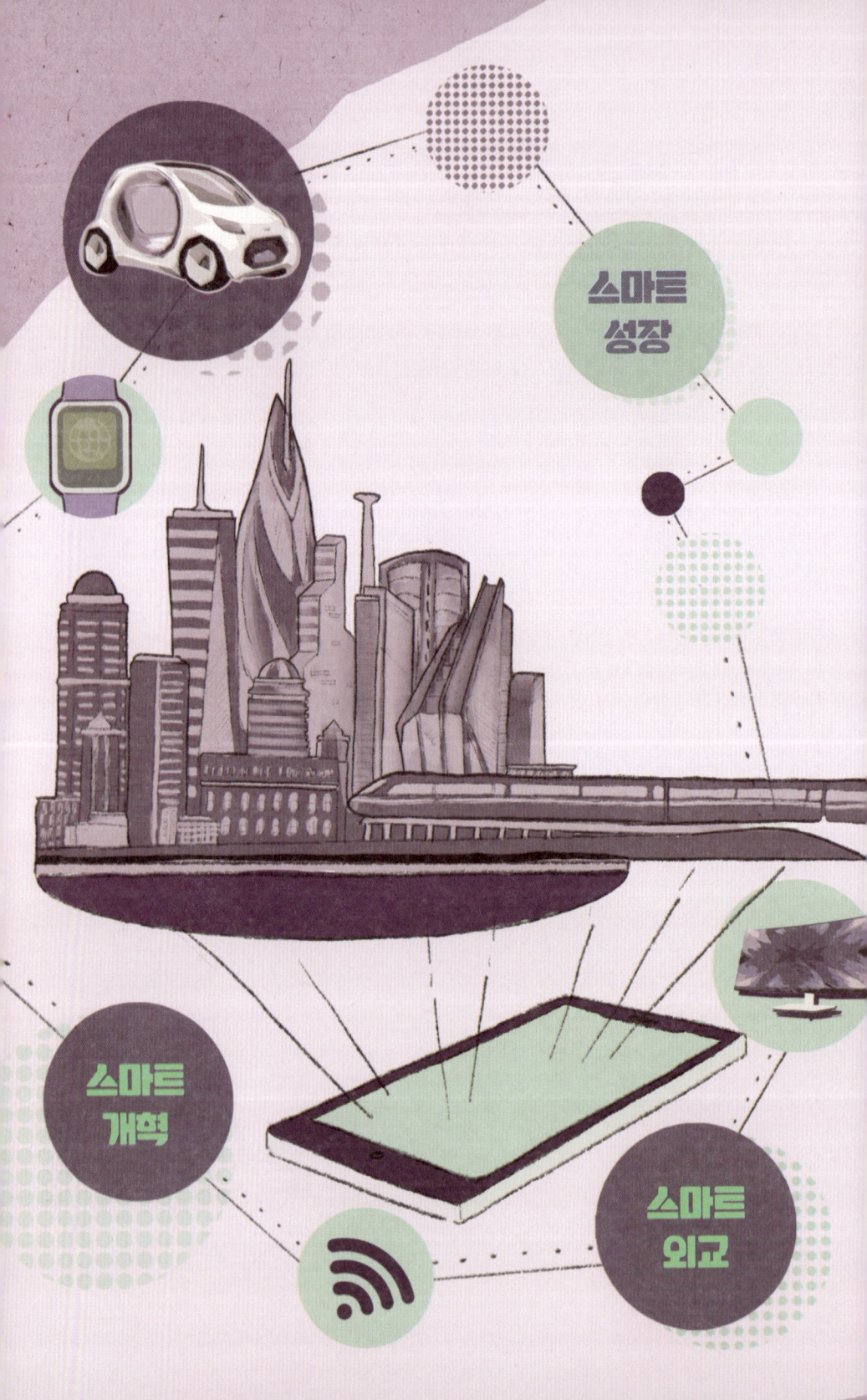

8
스마트의 함정

스마트폰, 스마트 카, 스마트 워치,
스마트 텔레비전, 스마트 도어 록…….
직접 사용해 보았거나,
한 번쯤은 들어 본 적 있는 기기들이지요?
그렇다면 생각해 보세요.
'스마트한 정책'이란 대체 무엇일까요?

smart

 똑똑한, 영리한

'스마트'라는 말은
본래 사람의 지능을 표현할 때 쓰던 말이지만,
디지털 시대가 열리면서
물건의 성질을 나타내는 데에도
쓰이고 있습니다.

디지털 시대와 능력주의 시대가 손을 잡으며
스마트라는 말은
정책에도 사용되기 시작했습니다.

빌 클린턴
450회
이상 사용

"우리 경제를 위해 **스마트한** 일입니다."

"그것은 단지 옳은 일일 뿐 아니라, **스마트해지기** 위해 해야 할 일입니다."

버락 오바마
900회
이상 사용

스마트는 정말 다양하게 쓰입니다.

- 스마트 외교
- 스마트 대외 정책
- 스마트 성장
- 스마트 이민 정책
- 스마트한 세출 절감
- 스마트한 시장 개혁
- 스마트한 법 집행
- 스마트한 교육 투자
- 스마트한 무역 정책

클린턴과 오바마는 자신들이 주장하는 정책을
옳은 일이라고 설득하는 대신,
"스마트한 일"이라고 표현했습니다.

여성이 성공하면 우리는
더 부유하고 튼튼한 나라가 될 겁니다.
여성의 권리를 키우고 지키는 것은
옳은 일일 뿐만 아니라,
스마트한 일입니다.

_버락 오바마

스마트라는 표현은
그 정책이 도덕적으로 옳고 그른지보다
얼마나 효율적이고 합리적인지에 따라
정책의 좋고 나쁨을 따지게 합니다.

정치인들은 굳이 '스마트하다'는 표현을 써서,
자신들이 지지하는 정책에 반대하는 사람들을
멍청하고 우둔한 집단으로 몰아갑니다.

엘리트 정치인들이 만든 정책은
정말 스마트할까요?
도덕적으로 옳지 못하더라도
스마트하기만 하다면 좋은 정책일까요?

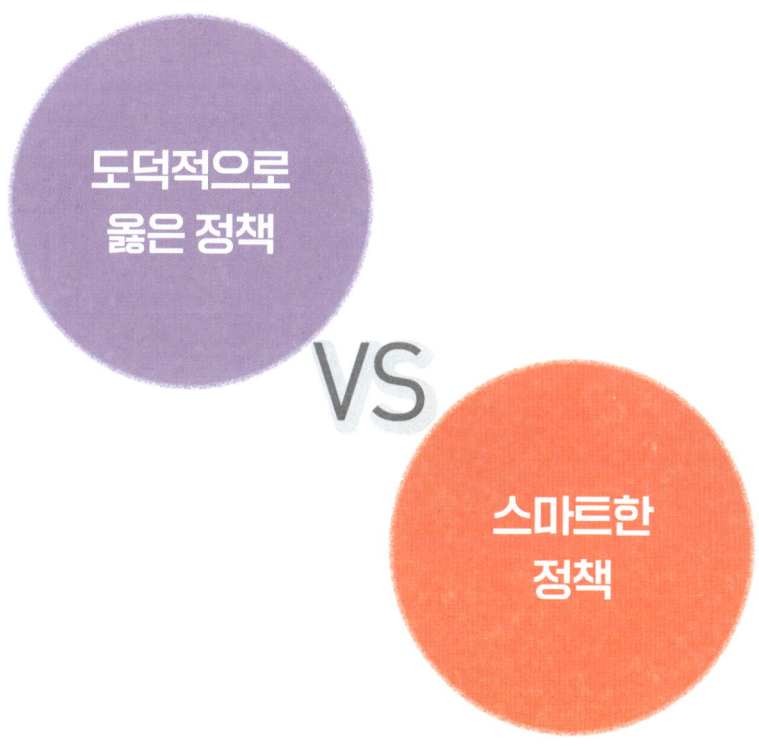

도덕적으로 옳은 정책 VS **스마트한 정책**

여러분은 어느 쪽이 더 좋다고 생각하나요?

8 스마트의 함정

　　　　　　　　　　스마트는 똑똑한 사람을 가리킬 때 쓰는 말이었지만, 요즘에는 물건에도 많이 쓰입니다. 또한 정치인들이 그들의 정책이 얼마나 우수한지 설명할 때 사용하는 말이기도 하지요. 정치인들은 자신이 만든 정책이 얼마나 스마트한 정책인지 강조합니다. 그러면서 스마트한 정책이 효율적이고 합리적인 정책이라는 생각을 사람들에게 은근히 심어 줍니다.

물론 정책이 스마트한지 아닌지 따져 보는 것은 필요한 일입니다. 그러나 정책의 스마트함만을 강조하면, 그 정책이 효율적인지 아닌지를 따지고 논의하게 될 뿐 도덕과 윤리에 대한 논의는 뒷전이 됩니다.

정책에 대한 논의의 초점이 옳고 그름의 도덕적 문제가 아니라, 스마트함으로 옮겨 가면서 정치인들과 엘리트들은 자신들의 주장에 반대하는 이들을 스마트하지 못하다고 지적하기도 합니다. 똑똑한 정책을 선택하지 못한 우둔한 사람이라고 은근히 무시하지요. 정치인들이 "스마트하다"와 "우둔하다"를 대조하여 말하면서, 대중은 정치인들이 자신을 내려다본다고 느끼게 됩니다.

영국, 네덜란드, 벨기에에서 대학을 졸업한 사람들에게 "무슬림, 터키 출신 유럽 거주자, 빈곤층, 비만인, 시각 장애인, 저학력자" 중 가장 멀리하고 싶은 사람이 누구인지 물었을 때, 사람들은 "저학력자"라고 답했습니다. 미국에서도 대학 졸업자들은 "흑인, 노동 계급, 빈곤층, 저학력자" 가운데 "저학력자"를 가장 멀리하고 싶다고 답했지요. 이 조사를 한 연구자들은 몇 가지 흥미로운 결론을 내렸습니다.

첫째, 교육받은 엘리트가 너그럽고 포용력이 있어서 사회적 소수자에 대해 편견이 덜한 듯 보였지만, 실제로는 '덜 배운 사람'에 대한 편견이 유독 클 뿐이었습니다.

둘째, 대학을 졸업한 사람들이 저학력자에게 거리낌 없이 편견을 갖는 데에는 개인의 책임을 중시하는 능력주의가 연관되어 있습니다. 학력을 어쩔 수 없는 문제가 아니라, 개인의 노력이 부족한 결과로 여기는 것입니다.

셋째, 저학력자들 스스로도 자신의 학력이 낮은 것을 자업자득이라고 생각하며 자신을 낮춰 보았습니다.

능력주의 사회에서 교육이나 스마트함이 강조될수록 사회·경제적으로 낮은 지위에 있는 사람들은 부정적인 평가를 받습니다. 스마트해지는 방법은 대학을 나오는 것뿐일까요? 많이 배운 스마트한 사람이 만드는 스마트한 정책은 '옳은 것'일까요? 스마트함의 기준이 학력이 되고, 학력을 곧 능력으로 여기는 것은 괜찮을까요? 스마트함을 강조하는 능력주의 사회의 함정을 돌아봐야 합니다.

9
학위가 있어야 정치를 할 수 있나요?

정치인이 되고 싶나요?
그렇다면 우선 자신의 학력을 점검해 보아야 합니다!
정치인이 되는 데 학력이 중요한 건 아니라고요?
그렇다면 다음 장의 통계를 살펴보세요.

미국의 성인 3명 중 2명은 대학을 나오지 않았습니다.
하지만 미국 연방 의회 의원의 학력은
미국 성인의 평균적인 학력과는 조금 다릅니다.

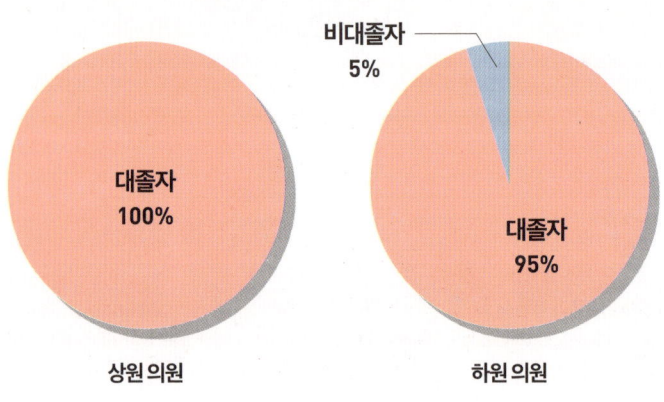

대학을 졸업한 **소수**의 사람들이
의회의 많은 자리를 차지하고,

대학을 졸업하지 않은
국민 **대다수**의 삶을 결정합니다.

영국 의회의 비대졸자 비율은 어떨까요?

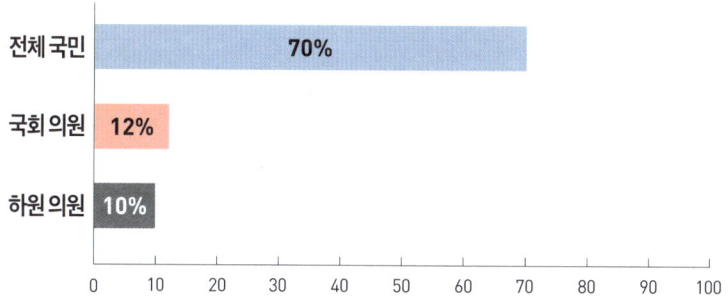

독일에서는 연방 의회 의원 **83퍼센트**가,
프랑스, 네덜란드, 벨기에에서는 국회 의원 중
약 82~94퍼센트가 대학 졸업자입니다.

유럽에서도 소수의 대졸자가
의회의 많은 자리를 차지하고 있네요.

과거에는 **신분**이나 **재산**에 따라
나랏일을 결정할 권한이 주어졌다면,
지금은 **학력**이 그 조건을 대신하는 듯 보입니다.

누군가는

이렇게 말할지도 모릅니다.

> 고학력자들이 정부를 이끌어 가는 것은 환영할 일 아닌가요?

> 아니요,
> 꼭 그렇지 않습니다!

미국 러시모어산에는
미국의 위대한 대통령들의 얼굴이 새겨져 있습니다.

이들 중 절반인
조지 워싱턴과 **에이브러햄 링컨**은
대학을 나오지 않았습니다.

조지 워싱턴
(미국 초대 대통령)
대학을 나오지 않음

토머스 제퍼슨
(미국 독립선언문 공포)
윌리엄앤드메리 대학교

시어도어 루스벨트
(재벌 개혁)
하버드 대학교

에이브러햄 링컨
(노예 해방)
대학을 나오지 않음

1930년대 미국은 경제 대공황을 극복하기 위해
뉴딜 정책을 펼쳤습니다.

뉴딜 정책은
국민을 지원하고, 경제를 부흥시키고, 제도를 개혁하여
사회를 재건하는 데 큰 성과를 거두었습니다.

뉴딜 정책을 만들고 자문한 위원들은
다양한 경력을 가졌습니다.

국민들의 삶을 살피는 정치에
대학 학위가 꼭 필요하다고 생각하나요?

명문 대학의 학위가
뛰어난 정치인의 '보증 수표'일까요?

여러분의 생각은 어떤가요?

학위가 있어야 정치를 할 수 있나요?

국민을 대표하는 사람인 국회 의원과 나라를 이끌어 가는 관료에게 가장 필요한 덕목은 무엇일까요? 많은 사람이 명문 대학을 졸업하여 어느 정도 똑똑하다고 보장된 엘리트가 국회 의원이 되고 장관이 되는 편이 좋다고 생각합니다. 여러분도 그렇게 생각한다면 한국을 비롯한 세계 여러 나라들을 걱정하지 않아도 됩니다. 이미 국회의 의석 대부분을 대학을 졸업한 소수가 차지하고 국민 대다수의 삶을 결정하고 있기 때문입니다.

세계 여러 나라에서 높은 학력을 가진 엘리트들이 정치를 주도하고 있습니다. 과거 유럽에서 귀족이나 지주가 백성을 지배했던 것처럼, 현대에는 높은 학력을 가진 엘리트들이 새로운 통치자로 떠오르고 있지요.

물론 누구나 다리를 지을 때는 가장 유능한 기술자가 짓기를 바라고, 수술을 할 때는 가장 숙련된 의사가 집도하기를 바랄 것입니다. 그러니 최고의 대학을 나온 국회 의원을 바라지 않을 이유는 없겠지요. 하지만 명문 대학을 나왔다고 해서 나랏일을 잘할 수 있다고 보장되는 것은 아닙니다. 명문 대학을 나오지 않았어도 큰 역할을 한 정치인과 관료도 많습니다.

제2차 세계 대전 이후 미국과 유럽 사회의 재건에 힘쓴 미국 제33대 대통령 해리 트루먼(Harry Truman)은 대학을 나오지 않았고, 대공황을 극복하게 한 뉴딜 정책을 만든 많은 관료는 학위가 없거나 대학을 나오지 않은 사람들이었습니다.

국민의 삶을 결정하는 위치에 있는 사람에게는 다른 계층의 삶을 잘 이해하고 공동체를 위해 무엇이 더 나은 결정인지 고민하는 지혜와 생각한 바를 행동으로 옮기는 능력이 필요합니다. 이러한 능력들은 학위로 보장되지 않습니다. 도덕, 인성, 통찰력, 정치 판단 능력은 대학 입학시험으로는 가려낼 수 없으니까요.

국회 의원과 장관이 고학력자만으로 구성되면 민주주의의 기본 원칙이 흔들리게 됩니다. 민주주의란 국민이 권력을 가지고, 국민의 뜻에 따라 나라를 통치하는 것을 뜻합니다. 국민 모두가 직접 정치를 하기는 어렵기 때문에 국회 의원 등 대표를 뽑아서 나라의 운영을 맡기는 것이 '대의 민주주의'이지요. 그런데 국민을 대표하는 사람들이 대다수의 국민과는 다른 삶을 사는 사람이라면 어떻게 될까요? 부자가 가난한 사람의 사정을 헤아리기 어렵듯이, 고학력자 장관들은 학력이 낮은 국민들을 동등하게 여기며 공평한 정책을 만들기 어려울 것입니다.

결국 정치인들에게 외면당한 사람들은 자신들의 이득을 위한 선택이 아니라, 분노와 증오에 따른 선택을 하기도 합니다. 대학 학위, 혹은 명문대를 나오는 것이 유망한 직업을 얻거나 정치인이나 관료가 되는 조건인 사회에서는, 우리가 애써 쌓아 온 민주주의 정신이 훼손될 수 있습니다.

우리 사회에는 대학을 나오지 않았지만, 자기 자신과 사회를 위해 열심히 일하는 수많은 사람이 있습니다. 이들의 목소리가 학력 때문에 묻히고 정치에 제대로 반영될 수 없다면, 그 사회를 모든 국민이 주인인 민주주의 사회라고 할 수 있을까요?

10
기후위기를 해결하는 법

하나의 문제를 두고 서로 다른 입장이 팽팽히 맞서고 있습니다.

기후 위기는 심각한 문제다!
VS
기후 위기는 과장되어 있다!

어째서 의견이 갈리게 되었을까요?

미국의 두 정당은 지구 온난화에 대하여 각각 다른 주장을 합니다.

| 미국 민주당 | 지구 온난화는 걱정스러운 수준이다! 환경 오염을 멈춰야 한다! |

| 미국 공화당 | 지구 온난화는 과장되어 있다! 자연스러운 환경 변화일 뿐이다! |

기후 위기? 오버하지 마!

서로 다른 입장을 가진 사람들, 이유가 무엇일까요?

민주당원

고졸 이하 69%

대졸 이상 **84%**

▶ 지구 온난화는 과장되지 않았다!

**학력이 높을수록
지구 온난화는 과장되지 않았다고 주장**

공화당원

고졸 이하 57%

대졸 이상 **74%**

▶ 지구 온난화는 과장되어 있다!

**학력이 높을수록
지구 온난화는 과장되었다고 주장**

지구 온난화는 자연스러운 환경 변화일 뿐이다

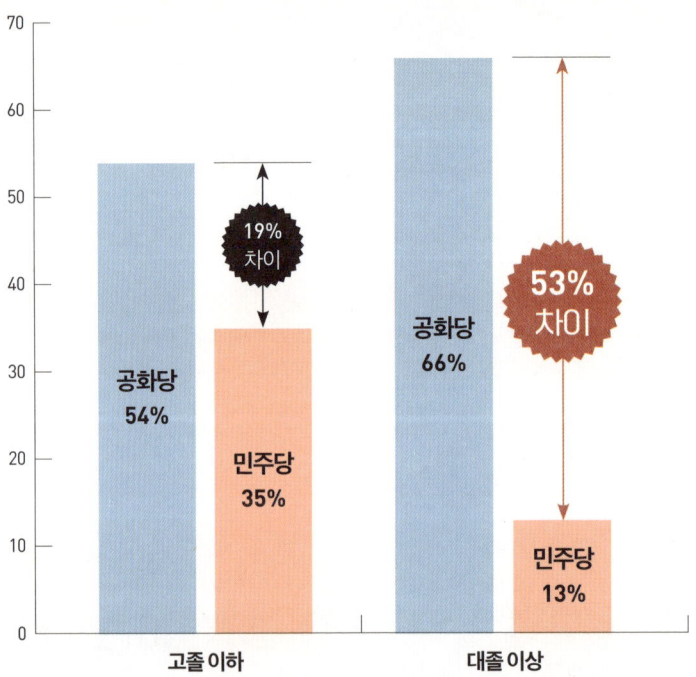

학력이 더 높은 사람들의
의견이 더 크게 갈렸습니다.

"학력이 높을수록
과학적 지식과 정보를 기준으로
판단해야 하지 않나요?"

하지만 더 많은 정보와 지식을 접한
고학력자들은
자신이 **지지하는 정당**의 의견을
더 적극적으로 따랐습니다.

대체 무엇이 사람들을
갈등하게 만들었을까요?

기후 위기를 해결하는 법

미국 두 정당의 당원들이 기후 위기에 대해 서로 다른 의견을 냈던 것은 정보나 지식이 부족한 탓이 아니었습니다. 오히려 가장 크게 의견이 갈린 사람들은 교육 수준이 높은 사람들이었습니다. 다시 말해 사람들이 기후 위기에 대해 서로 다른 주장을 한 이유는 정치관이 달랐기 때문이었습니다. 이 조사 결과는 우리 사회가 맞닥뜨린 문제들을 어떻게 해결해야 하는지 실마리를 줍니다.

미국 오바마 대통령은 엘리트 전문가들에게 정치와 사회의 문제 등을 해결하게 했습니다. 오바마는 사회 문제들을 합리적으로 토론하고, 해결책을 찾기 위해서 대중에게 올바른 정보와 과학 지식을 알려 주어야 한다고 강조했습니다. 지식과 전문가를 중요하게 생각하는 기술관료적 관점에서, 사람들이 문제 상황을 제대로 인식하지 못한 것이 문제라고 여겼습니다. 그래서 전문가들이 정보를 판단하고 선별해서 국민에게 전달하면, 국민이 제대로 정치에 참여할 수 있을 것이라고 보았지요. 전문적인 지식이 부족한 대중이 제대로 된 정보를 알게 된다면 문제가 자연스럽게 해결될 것이라고 믿었습니다.

어떻게 보면 맞는 말처럼 들립니다. 하지만 기후 위기에 대한 미국 두 정당의 인식 조사에서 보았듯이, 사람들은 정보가 부족하고 사실을 몰라서 싸우는 것이 아니었습니다.

"화석 연료를 사용하는 산업이 발생시키는 환경 문제를 줄이기 위해서 어떤 정책을 만들어야 하는가?"

"자연을 아무렇게나 쓰고 버리는 도구로만 여기는 소비 생활을 어떻게 바꿔야 하는가?"

"탄소 배출을 줄이는 데 반대하는 사람들은 자신의 이익만을 생각하는 것이 아닌가?"

언론에서 지구 온난화 문제에 대하여 자주 다루는 위의 질문들은 과학적인 사실을 묻는 질문이 아닙니다. 사회적 문제에 영향을 미치는 권력, 도덕, 권위, 신뢰에 대한 질문입니다. 지구 온난화에 대하여, 민주 사회의 시민들이 사회와 공동체를 향하여 던지는 질문들입니다.

과학과 지식만으로 사회 문제를 해결하려 했던 기술관료들은 이러한 질문들에 제대로 대답하지 않았습니다. 지구 온난화에 대한 과학적 지식과 사실을 알리는 데만 급급했을 뿐, 자신들이 만든 정책이 필요한 이유를 사람들에게 제대로 알리고, 설명하고, 권유하지 않았습니다. 무엇이 공공의 삶을 위해 이득인지, 무엇이 도덕적이고 윤리적인지 설득하지도 않았습니다.

기술관료들에게 무시당하며 제대로 의견을 말하지 못하고, 질문에 대한 답을 돌려받지도 못했던 사람들을 어떻게 하면 민주적 토론의 장에 관심을 갖고 참여하게 만들 수 있을까요? 더 많은 사람이 공동체의 문제와 공동선에 대하여 고민할 때 기후 위기뿐 아니라, 우리 사회가 맞닥뜨린 많은 문제를 해결해 나갈 수 있지 않을까요?

11
어떤 나라에서 살고 싶은가요?

두 나라가 있습니다.
한 나라는 '귀족정 사회'입니다.
귀족 집안에서 태어난 사람은 부유하고,
농민의 자식으로 태어나면 대대손손 가난에서 벗어날 수 없습니다.
다른 한 나라는 '능력주의 사회'입니다.
자기의 노력과 재능에 따라 재산을 얻습니다.
여러분은 어떤 나라에서 살고 싶은가요?

Q1

다음 두 나라 중에서 **살고 싶은 나라**를 고르세요!

한 나라는 **귀족정** 사회입니다.
어떤 집에서 태어나느냐에 따라 소득과 재산이 달라집니다.
계급은 대물림됩니다.

한 나라는 **능력주의** 사회입니다.
자기의 노력과 재능에 따라
소득을 얻고, 재산을 늘릴 수 있습니다.

> 당연히 능력에 따라
> 보상받을 수 있는
> 능력주의 사회에 살고 싶어요!

Q2
만약 부자로 태어난다면 어느 나라에서 살고 싶나요?

부와 특권을 자손에게
물려줄 수 있는 귀족정 사회에서
살고 싶군요!

Q3
가난하게 태어난다면 어느 나라에서 살고 싶나요?

재능을 성실하게 갈고닦으면
성공할 수 있는 능력주의 사회에서
살아야지요.

잠깐!
다른 관점에서 생각해 볼까요?

부유한지, 가난한지에 따라
사회적 명예와 자부심도 달라진다는 사실을 염두에 두고
다시 한번 대답해 보세요.

Q4
부자로 태어난다면 귀족정과 능력주의 사회 중
어떤 곳에서 살고 싶나요?

귀족정 사회라면 내 재산과 지위는 물려받은 것이겠지요.
내가 누리는 특권은 내가 이룬 것이 아니라
태어날 때 받은 큰 행운일 뿐이라고 여겨지겠군요.

하지만 능력주의 사회라면,
나의 성공은 **나의 능력과 노력**으로 이룬 것이라고 여겨져
자랑스러워할 수 있을 겁니다.

부자로 태어난다면
능력주의 사회에서 사는 것이
더 좋겠네요!

Q5
가난하게 태어난다면 어떤 곳에서 살고 싶나요?

귀족정 사회에서 가난은 내 책임이 아닙니다.
내가 가난하게 사는 것은 무능해서가 아니라
그렇게 태어난 탓일 뿐입니다.

하지만 능력주의 사회에서 가난하게 산다면,
나의 가난은 **능력이 없는 나의 잘못**으로
여겨질 것입니다.

가난하게 태어난다면
차라리 귀족정 사회에서 사는 게
마음이 더 편하겠어요.

가난하고 소외받은 사람들에게는
능력주의 사회가 더 가혹한 곳은 아닐까요?

나의 가난과 불행이
재능 없고, 노력하지 않은 '내 탓'이 되어 버리는 사회,
그곳이 바로 능력주의 사회입니다.

다시 한번 질문할게요.

부자로 태어날지, 가난하게 태어날지 안다면
여러분은 어디서 태어나고 싶나요?

능력주의 사회는
우리 모두에게 공정한 사회일까요?

어떤 나라에서 살고 싶은가요?

사람들은 능력주의 자체를 비판하기보다는 능력주의가 현실에서 제대로 실현되지 않는다고 불평합니다. 부유하고 권력이 있는 사람이 자신의 특권을 자녀에게 물려주는 방법을 찾아내어 능력주의 사회를 마치 귀족정 사회처럼 바꿔 놓는다고 말입니다. 하지만 능력주의 자체에 문제가 있기 때문에 문제가 나타난 것은 아닌지 생각해 보아야 합니다.

우리는 두 가지 지점에서 능력주의를 의심해야 합니다. 능력주의가 완벽히 실현된 사회는 정의로운 사회일까요? 능력으로 승자와 패자를 가르는 능력주의는 공정한가요? 물론, 능력주의에는 아무 문제가 없다고 생각할 수 있습니다. 자신이 가진 재능과 노력으로 성공하는 사회가 무엇이 문제냐고 되물을 수도 있겠지요.

미국의 인기 농구 선수 르브론 제임스(LeBron James)는 매년 수천만 달러를 벌어들입니다. 르브론이 자신의 능력만으로 성공했다고 볼 수 있을까요? 르브론의 천부적인 재능은 노력해서 얻은 것인가요? 부잣집에 태어난 것이 노력이 아니라 행운이듯, 특별한 재능을 갖고 태어난 것도 행운이 아닌가요? 또한 농구에 가진 재능을 후하게 보상받을 수 있는 나라에서 태어난 것 역시 행운 아닐까요?

물론 재능뿐만 아니라, 르브론이 노력했기 때문에 성공했다고 이야기할 수도 있습니다. 재능이 있어도 노력하지 않으면 성공할 수 없다고 말입니다. 그런데 고된 훈련을 거치면 누구나 최고의 선수가 될 수 있나요? 르브론만큼 열심히 연습하는 농구 선수는 많지만, 모두가 최고의 성적을 거두지는 못합니다. 능력주의는 노력을 강조하며, 열심히 일하고 규칙을 지켜 경쟁한다면 능력과 노력에 걸맞은 보상을 받는다고 믿게 합니다. 성공과 실패는 스스로 일군 것으로, 경쟁이 공정하다면 성공은 아름다운 것으로 보이게 합니다. 사람들은 스포츠에서든 인생에서든 자기 능력으로 성공했다고 믿고 싶지, 그 성공을 물려받은 것으로 여기고 싶어 하지 않으니까요. 능력주의 사회에서도 타고난 재능과 환경이 성공에 큰 영향을 미친다고 생각하고 싶지 않겠지요.

그러나 열심히 훈련한 운동선수라고 해서 반드시 금메달을 딸 수 있는 것은 아니고, 성실한 과학자라고 해서 모두 노벨상을 받을 수 있는 것도 아니며, 가장 많이 노력한 노동자가 가장 많은 임금을 받는 것도 아닙니다. 능력주의 사회는 노력을 강조하지만, 결국 노력보다는 성과를 중시합니다. 능력주의는 빈부 격차가 벌어지는 것에는 관심이 없습니다. 능력주의는 더 높은 계층으로 올라갈 수 있다는 가능성을 강조할 뿐, 평등을 추구하지 않습니다. 오히려 개인의 능력과 노력을 강조하며 불평등을 정당화하지요.

우리 사회가 지향하는 능력주의, 그 자체가 가진 도덕적인 흠을 깨달았다면 의문이 들지 않나요? 이제 더 나은 사회는 무엇인지, 정의로운 사회는 무엇인지 다시 한번 생각해 봐야 하지 않을까요?

12
가상 토론회
〈시장과 능력주의〉

시장과 능력주의를 주제로 토론을 개최합니다.
내로라하는 정치·경제학자들의 불꽃 튀는 토론!
여러 학자들의 의견을 주의 깊게 들어 봅시다.
여러분은 학자들의 의견을 어떻게 생각하나요?

오늘의 토론자를 소개합니다.

그럼 토론을 시작해 볼까요?

 경제적 보상은 능력에 따라 주어지나요?

> **아닙니다.**
> 소득과 부는 시장에서 거래되는 **재화와 용역의 가치를 소비자**가 어떻게 평가하느냐에 따라 우연히 결정될 뿐입니다. 능력이나 미덕, 도덕적 기여도와는 관계가 없지요.

프리드리히 하이에크

> 흠, 그런데 시장이 가치 있다고 평가하는 것은 그만큼 사회적으로 많이 기여한 것 아닌가요? 그러니 자신이 제공한 가치만큼 보수를 받는 것은 **능력주의랑 비슷**한 것 같네요.

능력주의 지지자

> 맞습니다. **사회에 더 많이 기여한 사람**은 **더 많은 소득을 얻을 자격**이 있습니다. 애플 창업자인 스티브 잡스나, 〈해리 포터〉 시리즈의 작가 조앤 롤링을 떠올려 보세요!

그레고리 맨큐

> 뭐라고요?
> 시장에서 환영받는 재능을 가지고 태어난 것이나,
> 그 재능이 높이 평가되는 것은
> 누구도 어찌해 볼 수 없는 **우연**의 일치일 뿐인데,
> 사회에 많이 기여했다는 이유로
> 많은 보상을 받는 것은 옳지 않습니다.
>
> 게다가 시장에서 **많은 보상을 받는 일이
> 사회에 많이 기여한 일이라고 볼 수도 없습니다.**
> 카지노 사장이 간호사보다 돈을 더 많이 번다고 해서
> 사회에 더 많이 기여한 것은 아니잖아요?

프랭크 나이트

> 맞습니다.
> 능력과 그에 대한 보상은 우연히 주어지는 것입니다.
> 우연히 갖고 태어난 재능과
> 그 재능이 인정받을 수 있는 사회,
> 노력하려는 의지를 가질 수 있는 환경,
> 재능에 따른 보상까지,
> 모두 **우연한 행운**이지요.
>
> 우연히 좋은 재능을 타고난 덕에
> 사회에서 인정받고 부를 거머쥘 수 있었던 만큼,
> **성공한 사람들은 그 재능으로
> 공동의 이익을 키워 나가야 합니다.**

존 롤스

 롤스의 의견에 동의하는 사람들은 이런 주장을 하기도 합니다.

정의로운 사회는
모든 개인적인 불운을 보상해 주어야 합니다!
행운의 주인공이 행운의 결과로 얻은 것을
불운한 사람에게 넘겨주는
'행운 평등주의'를 추진합시다!

 그럼 사회는 모든 불운한 사람들을 도와주어야 할까요?

가난한 집에서 태어났거나, 장애가 있거나,
재능이 부족하거나,
갑작스러운 재난을 겪은 사람 등
자신이 통제할 수 없는 불운을 겪은 사람만
도와줘야 합니다.
**게으르거나, 잘못된 선택으로 불운해진 사람까지
도울 수는 없습니다.**

> 오, 반갑습니다!
> 행운 평등주의를 지지하는 분들도
> 개인의 **노력과 선택에 따라**
> **생겨난 불평등은**
> 어쩔 수 없다고 생각하시는군요?

능력주의 지지자

> 잠깐만요!
> 그런 사고방식은 불운한 사람들이
> **왜 불운해졌는지를 따지게 만듭니다.**
> "대체 어쩌다 저 꼴이 됐대?" 하고 말이지요.
>
> 게다가 '어쩔 수 없는 불운'을 타고나
> 도움 받을 '자격'을 가진 사람은
> '대책 없는 희생자'라고 낙인 찍히지요.
> 동등한 시민으로 대우받지 못하도록 말이에요.

엘리자베스 앤더슨

많은 분이 **능력에 따라**
보상받아야 한다는 주장에는 동의하지 않지만,
개인의 책임이나 타고난 재능은
중요하게 여기는군요.

그럼 마지막으로 질문을 던져 보겠습니다.
금융 업계에서 일하는 사람들은
다른 전문 직업인들보다
재능이나 지능이 뛰어나기 때문에
훨씬 더 많은 돈을 버는 걸까요?

우리는 정말 타고난 재능의 차이 때문에
소득 불평등을 겪는 것일까요?

12 가상 토론회 <시장과 능력주의>

만약 세계적인 학자들이 만나서 능력주의에 대해 토론한다면 어떤 이야기를 나눌까요? 학자들의 주장을 바탕으로 가상 토론회를 상상해 보았습니다. 이 가운데에는 '무엇이 정의로운 사회인가'를 두고 논쟁하는 대표적인 학자인 프리드리히 하이에크와 존 롤스가 있습니다.

하이에크와 롤스는 많은 면에서 다른 주장을 펼쳤지만, 둘 다 경제적 보상이 능력에 따라 주어진다는 생각에는 동의하지 않았습니다. 하이에크는 시장에서의 소득은 능력에 대한 보상이 아니라, 소비자가 내가 제공한 재화와 용역에 얼마만큼의 대가를 지불할 의사가 있느냐에 따라 달라진다고 보았습니다. 한편 롤스는 재능을 갖고 태어난 것이나 재능을 기를 수 있는 환경 등은 모두 운에 따라 주어지는 것이며, 그 성과 역시 행운에 크게 좌우된다고 생각했습니다. 그러나 둘은 근본적으로 다른 주장을 하는 학자들입니다.

자유시장 자유주의를 주장한 하이에크는 사람들이 물건과 서비스 등을 사고파는 시장의 자유를 가장 중요하게 생각했습니다. 그래서 경제 불평등을 줄이기 위해 국가가 시장에 간섭해서는 안 된다고 주장했습니다. 세금으로 불평등한 소득을 재분배하는 것은 옳지 못하고 자유를 해치는 일이라고 보았지요.

반면 복지국가 자유주의의 대표적인 학자인 존 롤스는 부자들에게 세금을 걷어 소득을 재분배해야 한다고 주장했습니다. 롤스는 우연히 사회에서 인정받는 재능을 가지고 태어난 사람이 그 재능으로 거둔 성과는 공동의 자산이며,

공동체가 함께 누려야 한다고 보았습니다. 이를 '차등의 원칙'이라고 합니다. 적은 재능을 타고난 사람들을 최대한 배려하는 정책을 펼쳐, 우연히 생겨난 사람들 사이의 차이를 최소화하려고 했지요.

프랭크 나이트는 시장 가치가 높은 것이 반드시 사회에 큰 기여를 한 것은 아니라고 보았습니다. 카지노 사장이 간호사나 의사보다 많은 돈을 벌어들이는 것을 생각해 보세요. 이처럼 돈을 더 많이 번다고 해서 그만큼 사회에 더 기여했다고 보기는 어렵다고 주장했습니다. 이는 그레고리 맨큐가 부자들의 고소득이 그들이 사회에 크게 기여했다는 사실을 보여 준다고 주장한 것과 정반대 되는 주장입니다.

한편 롤스의 철학에 많은 영향을 받은 평등주의적 자유주의 철학자들은 사회가 개인의 타고난 불행이나, 통제할 수 없는 불운을 보상해 주어야 한다고 주장했습니다. 다만, 개인의 잘못으로 벌어진 불운은 제외해야 한다고 보았지요.

그러나 엘리자베스 앤더슨은 이러한 주장이 결국 불운한 사람들이 어쩌다 불운해졌는지 잘잘못을 따지고 개인의 책임을 묻게 만들 것이라는 점을 지적했습니다. 또한 도움을 받는 사람들을 무능력자로 취급하게 되리라는 점을 비판했습니다.

지금까지 시장과 능력주의에 대한 여러 철학가들의 의견을 정리해 보았습니다. 여러분은 누구의 주장에 더 귀를 기울였나요? 여러분이 생각하는 정의로운 사회는 어떤 곳인가요?

13
마이클 영과 능력주의

1958년에 출판된 미래 소설,
《능력주의의 등장(The Rise of the Meritocracy)》.
이 책의 작가는
영국의 사회학자 마이클 영이었지요.
'능력주의'란 단어가 세상에 나온 순간이었습니다.
1958년 마이클 영이 예견한
2033년 미래는 어떤 모습이었을까요?

"세상은 바뀌고 있어!
이제는 타고 태어난 신분이 아니라,
능력에 따라 직업을 가질 수 있다고!"

1958년 영국에서는 신분제가 무너지고 있었습니다.
사람들은 자신의 능력으로 성공할 기회가 주어지는
공정한 능력주의 사회가 다가올 것이라고 기대했습니다.

"능력주의 사회는 결코 이상적인 곳이 아닙니다."

그러나 영국의 사회학자 마이클 영은
자신의 소설 속에서 2033년 능력주의 사회를
가난한 자와 약자에게 가혹한 곳으로 그렸습니다.

능력껏 성공할 수 있다면
공정한 세상 아닌가요?

마이클 영은 왜 능력주의 사회를
부정적으로 그렸을까요?

"나는 신분제 사회에서 태어난
가난한 노동자야.
하지만 내가 가난한 건
내 잘못이 아니지.
타고난 신분 때문에
기회가 없었던 것뿐이야."

"나는 능력주의 사회에 사는
가난한 노동자야.
기회가 없었던 과거와는 달라.
내가 성공하지 못한 건
나에게 능력이 없기 때문 아닐까?
다 내가 못난 탓이지."

신분제 사회에서 가난은 나의 탓이 아니었습니다.

하지만 능력주의 사회에서

나의 불운은 나의 잘못이 됩니다.

능력주의는 우리 사회의
불평등을 없애기는커녕
능력을 기준으로 새로운 불평등을
만들어 낼 것입니다.

마이클 영의 소설이 출간된 지 60년이 지난 지금,

마이클 영의 예상은 얼마나 맞았나요?

13 마이클 영과 능력주의

'능력주의'란 말은 영국의 사회학자 마이클 영이 1958년 발표한 《능력주의의 등장》이라는 책에서 처음 사용한 말입니다. 당시 사람들은 타고 태어난 신분에서 벗어나, 누구나 열심히 노력하면 성공할 수 있다는 믿음을 주는 능력주의에 큰 희망을 품었습니다.

그러나 마이클 영은 능력주의 사회가 가져올 어두운 미래를 걱정했습니다. 마이클 영은 능력주의가 능력이라는 잣대로 새로운 불평등을 만들어 낼 것이라고 보았지요. 능력주의 사회에서 사람들이 불평등을 당연하게 받아들이고, 각자 자기 능력에 맞는 자리를 가졌다고 믿게 되리라고 말입니다.

능력주의 사회에서 부자들은 능력이나 노력 없이 많은 것을 누린다는 비난을 받지 않아도 됩니다. 그들이 뛰어난 능력을 가졌기 때문에 부자가 되었다고 여겨지니까요. 설령 부자들이 태어날 때부터 유리한 환경에서, 값비싼 교육을 받았다고 해도 문제되지 않습니다. 다른 사람들뿐 아니라, 그들 자신도 모든 것을 그들의 능력과 노력으로 누리고 있다고 굳게 믿습니다.

반면 가난한 사람들은 자신의 불행에 대하여 자기 자신을 탓하게 됩니다. 기회가 있었지만 능력이 없어서 성공하지 못했다고 실망하며 자긍심까지 잃고 맙니다.

마이클 영이 능력주의를 우려스럽게 여겼던 것과 달리, 지난 수십 년 동안 능력주의는 현대 사회의 중요한 원칙으로 자리 잡았습니다. 여러 나라의 많은 정치인과 엘리트들이 능력주의를 찬양했지요. 마이클 영은 계층 간 불평등이 갈수록 심해지고 있는데도 사회가 능력주의만을 강조하며 불평등 문제를 적극적으로 해결하지 않는 현실을 걱정했습니다. 능력주의는 각자가 자신의 능력에 맞는 자리에 있다고 믿게 하여, 엘리트들이 가난한 사람들을 동정하지도 않게 만들었다고 보았지요.

마이클 영은 엘리트들의 오만함과 그 오만함을 향한 대중의 분노가 정치에 변화를 가져올 것이라고 예측했습니다. 그가 생각한 능력주의 사회의 미래는 책에 그대로 담겨 있습니다. 《능력주의의 등장》은 저학력 계층의 사람들이 능력주의 엘리트를 향해 쌓아 온 분노를 드러내며 포퓰리즘 폭동을 일으키리라 예측하면서 끝을 맺습니다.

2016년 영국에서는 브렉시트가 결정되고, 미국에서는 트럼프 대통령이 당선되었습니다. 이 두 사건은 마이클 영이 예측했던 대로 정치가 변화하기를 바라는 대중의 분노가 드러난 사건일지도 모릅니다. 어쩌면 마이클 영의 주장처럼 능력주의가 우리 사회의 문제를 해결할 정답이 아니라는 증거가 아닐까요?

14
돈 따라가는 대학 입학시험

입학 조건
종교　　개신교
출신 학교　상류층을 위한 사립 기숙 학교

20세기 초,

하버드, 예일, 프린스턴 등

미국 명문 사립 대학교의 입학 조건입니다.

당시 명문 대학들은 학생의 학습 능력보다는

부모의 계급과 재력을 더욱 중요하게 여겼답니다.

20세기 초 미국 대학은 상류층 자녀들을 위한 곳이었습니다.

"부유하고 경박한 젊은이들이 하인을 데리고 교정을 누빈다. 그들은 주로 파티와 스포츠를 즐기고, 공부는 중요하게 여기지 않는다."

- 콜롬비아 대학교 언론학 교수
니콜라스 르만(Nicholas Lemann)

당시 하버드 대학교 총장인

제임스 브라이언트 코넌트(James Bryant Conant)는 생각했습니다.

천부적인 지능을 가진 학생을 뽑아서
대학을 지성인을 길러내는 곳으로 바꾸겠어!

코넌트는 IQ 테스트와 비슷한 수학능력 평가 시험 SAT (Scholastic Aptitude Test)를 통해 계급과 상관없이 **오로지 능력만으로** 유능한 인재를 선발하려 했습니다.

제임스 브라이언트 코넌트의 교육 개혁 목표

누구나 재능이 있다면 성공할 수 있는 계급 없는 사회를 위한 교육

능력주의를 실현하는 교육 기관

코넌트의 시도는 성공했을까요?

1,600점 만점에 1,400점 이상 득점할 가능성

부유한 가정 출신 학생 = **10명 중 2명**

가난한 가정 출신 학생 = **10명 중 0.2명**

오늘날 SAT에서
부유한 가정 출신 학생들은
가난한 가정 출신 학생들보다
더 높은 성적을 거둡니다.

[경쟁률 높은 미국 100개 대학 재학생 가정 환경]

70퍼센트 이상이 소득 분위 상위 4분의 1 가정 출신.

3퍼센트가 소득 분위 하위 4분의 1 가정 출신.

[미국 명문대 및 아이비리그 재학생 분포]

가장 부유한 상위 1퍼센트 출신 학생의 아이비리그 진학률이 하위 20퍼센트 가난한 가정 출신 학생보다 77배 높다.

> 상위권 대학일수록 학생들의 빈부 격차가 더 뚜렷함.

지금 SAT는

상류층 부모를 가진 학생들에게

유리한 시험입니다.

능력만 있으면 계층에 상관없이

하버드에 입학시키려고 했던

코넌트의 계획은 실패한 걸까요?

오늘날 어떤 학생들이
명문 대학에 입학하고 있나요?

[2020년 한국의 대학 신입생 조사]

3년간 서울대 신입생 고소득층 자녀 비율 19.5퍼센트 증가

서울대·고려대·연세대 신입생 절반 고소득층 자녀

전국 의대·로스쿨 신입생 절반 고소득층 자녀

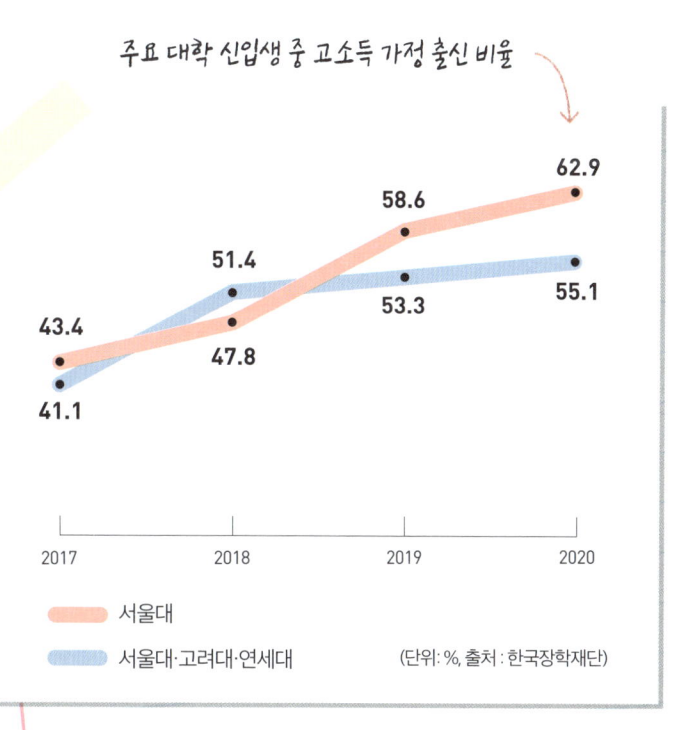

주요 대학 신입생 중 고소득 가정 출신 비율

	2017	2018	2019	2020
서울대	43.4	47.8	58.6	62.9
서울대·고려대·연세대	41.1	51.4	53.3	55.1

(단위: %, 출처: 한국장학재단)

돈 따라 가는 대학 입학시험

1933년 하버드 대학교의 총장으로 취임한 제임스 브라이언트 코넌트는 상류층이 대학 교육을 독점하는 현상을 바꾸고자 했습니다. 그래서 철저히 능력주의 정신에 따라, 오로지 학생의 지적 능력을 평가하여 입학 기회를 주는 시험을 만들었습니다. 바로 SAT입니다.

그러나 그의 의도와는 다르게 오늘날 SAT 점수에는 학생의 능력보다 집안의 재산이 더 큰 영향을 미치는 듯합니다. SAT는 가난한 가정 출신의 뛰어난 인재를 선발하는 역할보다는 비싼 과외, 소수 정예 학원 등 더 많은 교육의 기회를 가질 수 있었던 부잣집 자녀들에게 유리한 시험이 되고 말았습니다.

경제학자 라지 체티(Raj Chetty)와 동료들은 총 1,800개 대학을 대상으로 대학이 세대 간 사회적 이동에 얼마나 기여하는지를 연구했습니다. 그 결과를 보면 대학 입학시험에서 소득 상위 20퍼센트 가정 출신 학생이 100명 선발될 때, 소득 하위 20퍼센트 가정 출신 학생은 단 2명, 혹은 그 이하가 선발되었습니다. 애초부터 대학이 가난한 집 출신 학생을 적게 뽑기 때문에 사회적 이동에 제대로 기여하지 못하고 있습니다.

부유한 가정의 자녀가 저소득층 가정의 자녀에 비해 명문 대학에 진학할 확률이 더 높다는 연구는 능력주의의 한계를 보여 줍니다. 능력주의 교육은 불평등을 해소하는 데 보탬이 되기보다는, 오히려 불평등을 키우고 있습니다.

어째서 이런 문제가 생겼을까요? 능력주의 원칙을 제대로 따르지 않았기 때문에 문제가 생긴 걸까요? 부모의 재력이 관여할 수 없는, 오로지 학생의 능력만을 평가하는 새로운 입학시험을 만들면 이 문제를 해결할 수 있을까요?

입시 과정이 사회의 특정 계층에게 유리하지 않도록, 공정하게 인재를 선발할 수 있게 개선해 나가는 것은 매우 중요한 일입니다. 그러나 입시의 공정성에만 골몰한다면, 능력주의를 추구하는 대학 입시 제도가 가진 더욱 중대한 문제들을 놓치게 됩니다.

첫 번째, 대학의 인재 선별 과정에서 뽑히지 못한 학생에게 패배자라는 낙인을 찍는 것은 사회에 이로운 일인가요? 누군가를 승리자, 혹은 패배자로 낙인찍는 일은 우리 사회의 공동체를 위한 시민 의식을 형성하는 데 악영향을 미칩니다.

두 번째, 인재를 분류하고 선별하는 데 너무 몰두한 나머지 대학 교육이 갖는 의미가 희미해지고 있지는 않나요? 대학이 학문을 탐구하는 곳이 아니라, 더 좋은 직업이나 명예만을 위한 학위를 발급하는 기관이 되고 있지는 않은지 생각해 보아야 합니다.

오늘날의 능력주의적 대학 입시 제도는 사회를 위해서도, 교육 그 자체를 위해서도 바람직하지 않은 결과를 낳고 있지는 않나요?

15
상처 입은 승리자들

지난 수십 년 동안,
세계에서 자녀의 학업에 대해
가장 꾸준히 간섭하고 집착한
극성스러운 학부모가 있는 나라는 어디일까요?

학부모가 자녀의 교육에
가장 심하게 간섭하는 두 나라는
바로 **한국**과 **미국**!

극성스러운 학부모가 나타난 이유는?

이 문제를 연구한 경제학자들이 연구한 바에 따르면,
이유는 뜻밖에도
불평등!

한국과 미국은
사회적 불평등이 가장 심각한 나라이기도 합니다.

사회적 불평등이 심각한 사회에서
학부모는 자녀의 성공에 집착하며,
자녀를 명문대에 보내는 것에 몰두합니다.

성공해야 해.
돈을 많이 벌고, 존경받는 사람이 되어야 해.
그러려면 명문대에 들어가야 한다.

나는 열심히 공부해서
명문대에 들어갔어!
내 능력으로
승리자의 자리에 선 거야!

그렇다면 입시 경쟁에서 승리한 학생들은
승리를 만끽하고 있을까요?

[미국 대학생 6만 7,000명을 대상으로 한 조사]
대학생 5명 가운데 1명이 1년 이내에 자살을 고려.
2000년~2017년 사이, 20~24세의 자살률 36퍼센트 증가.

**[미국, 캐나다, 영국 대학생
4만 명 이상을 대상으로 한 연구]**
1986년~2016년 사이, 강박적 완벽주의 32퍼센트 증가.

| 하버드대학교 |
| https://www.harvard.edu/

HARVARD UNIVERSITY   Q Search   ≡ Menu

게시판

능력주의 사회에서
상처 입은 승리자들에게

작성자 | 하버드 대학교 입학사정관실

고등학교와 대학 시절 내내 불타는 고리를 뛰어넘는,
어려운 목표 달성만을 위해 경쟁한 학생들.
이들은 결국 평생 신병 훈련소와 같은
엄격한 틀 안에서 살아가게 되지 않을까요?

15 상처 입은 승리자들

　　　　　　　　　미국 대다수 대학들은 지원하는 학생 대부분을 받아 줍니다. 그러나 미국 극소수 명문 대학들은 합격률을 계속 낮추며 그 명성을 높이고 있지요. 명문대에 입학한 학생은 뛰어난 능력을 가진 사람으로 인정받고, 졸업 후 소득이 높은 직업을 구하기도 쉽습니다.

대학 입시에 대한 열망은 한국도 크게 다르지 않습니다. 사회의 불평등이 커질수록 사람들은 교육에 집착합니다. 하지만 교육에서조차 부모의 경제력에 따른 불평등은 커져만 갑니다.

부유한 부모들은 자녀가 명문대 입시에 성공하여 경쟁에서 승리한 승리자가 되도록 아낌없이 지원합니다. 과외를 알아보고, 특별 전형 지원 자격을 찾아보고, 돈을 들여 입시 전문가에게 상담을 받기도 합니다. 경제적으로 더 풍요롭고, 자녀를 더 많이 뒷받침할 수 있는 부유한 가정 출신 학생일수록 명문대 입학에 유리합니다.

그럼 명문대에 입학한 학생들은 승리를 이루었다고 만족하며 기쁨을 만끽하고 있을까요? 현실은 그렇지 않습니다. 학생들은 대학에 입학한 뒤에도 극심한 스트레스, 우울과 불안, 강박적인 완벽주의 등 정신적인 고통에 시달립니다. 끝없이 경쟁하고, 선별되고, 등급이 매겨지는 과정 속에서 완벽한 자신을 만들기 위해 고통스럽게 싸운 학생들은 대학에 입학한 뒤에도 싸움을 계속합니다. 명문대에 입학했더라도 경쟁은 계속되기 때문입니다. 학생들은 생각하고, 탐구하고, 나는 누구이며, 무엇이 가치 있는지 성찰해야 할 시간에, 경쟁하고 싸우며 정신적인 어려움을 겪습니다. 명문대 입학에 성공한 학생들도 상처 입은 승리자였습니다.

한편 자신의 성취는 모두 자신의 노력과 능력에서 비롯되었다고 생각하는 능력주의 사회에서 입학에 성공한 학생들은 오만에 빠지기도 합니다. 부모의 도움은 모르는 척하며, 자신이 누리는 것들을 자신의 능력과 노력만으로 성취했다고 생각하고, 자신만큼 성공하지 못한 사람들을 무시하지요. 반면 명문대에 입학하지 못한 학생들은 자신을 실패자라고 생각하며 굴욕을 배웁니다. 대학 입시 경쟁은 승자에게도 패자에게도 좋지 못한 결과를 안겨 주고 있습니다.

학생들은 점수를 능력으로 여기며 서로 경쟁하느라, 자신이 이 사회의 구성원이라는 공동체 의식을 배우지 못하고 있습니다. 결국 사회 구성원들의 공동체 의식은 점점 약해지고, 우리 사회의 불평등 문제를 해결하기는 점점 더 어려워집니다.

16
합격자 제비뽑기

대학 입시 제도의 문제점을
해결할 대안이 있습니다!
이 방법은
학생의 능력에 따라 합격자를 선발하면서도,
지금보다 더 공정하지요.
무엇보다 아주 간단합니다!

지원자들의 지원서 중
아무거나 골라 1,000명을 뽑아도
여전히 훌륭한 학생들이 뽑힐 겁니다.

- 예일 대학교 입학 사정관

그렇다면……

**제비뽑기로 최종 합격자를 뽑으면
어떨까요?**

매년 하버드와 스탠포드에 지원하는 학생은 **4만 명 이상!**
이 중 2~3만 명은 누가 입학하든 이상하지 않을 만큼
능력 있는 학생들입니다.

그럼 입학에 충분한 자격을 가진 지원자 사이에서
무작위로 합격자를 선발하면 어떤가요?

수많은 학생 사이에서
극소수의 합격자를 골라내는 것은
확실하고 공정한가요?

18세 청소년을 대상으로
누가 더 훌륭한 경력을 쌓았는지,
누가 더 좋은 능력을 가졌는지,
완벽하게 알아내는 것이 정말 가능한가요?

18세 학생이 가진 미래 가능성을 누가, 어떻게 확신을 가지고 평가할 수 있나요?

제비뽑기로 입학생을 뽑는다면,
학생들은 완벽한 지원서를 만들기 위해
학생 시절을 모두 바치지 않아도 됩니다.

대학에 합격한 뒤에도
오직 자신의 힘으로 정상에 오른 것이 아니라
운이 좋아서 합격했다는 사실을
인정하겠지요.

물론 반대 의견도 있습니다.

"말도 안 되는 소리!"

대학의 제비뽑기 선발에 대한 반론

어차피 운으로 뽑힌다면
아무도 **열심히 공부하지 않을** 거예요.

미국 대학은 장애인, 소수 인종 등
다양한 학생들을 선발해 왔습니다.
제비뽑기로 어떻게 **다양성**을 확보하지요?

같은 대학을 졸업한 **동문**의 자녀나,
대학 발전을 위해 **기부금**을 낸 사람의 자녀는
어떻게 우대하지요?

추첨으로 학생을 선발하면
대학의 가치가 떨어지고,
명문대의 명예도 휴지 조각이 될 겁니다!

제비뽑기로 학생을 뽑자고 제안하는 이유는 명확합니다.
능력주의를 너무 믿지 말자는 것입니다.

그래서 네 가지 질문에 대한 대답은……

다음 장에서 알려 드리겠습니다!

16 합격자 제비뽑기

제비뽑기로 명문대 합격자를 뽑는다면 어떨까요? 학생들의 능력은 입학 기준을 넘길 정도로만 요구하고, 그 뒤 선발 과정은 운에 맡기는 것입니다. 이러한 선발 과정을 거친다면 합격자들은 자신이 누린 행운을 인정하며 자신의 힘만으로 지금의 위치를 누리고 있다는 능력주의적 오만에 빠지지 않고 겸손해지겠지요. 합격하지 못한 지원자도 운이 없었을 뿐이라고 생각하며 자신을 자책하지 않을 것입니다.

그럼 154쪽에서 제기되었던 제비뽑기 선발 방식에 대한 반론에 답을 해 볼까요?

첫 번째, 학업 능력이 떨어질지도 모른다는 우려는 1차 관문의 기준을 잘 세우면 충분히 막을 수 있습니다. 의심이 된다면 학생들 절반은 기존 선발 방식대로, 나머지 절반은 제비뽑기 추첨으로 선발한 뒤 졸업할 때 이들의 성적 차이를 비교해 보면 됩니다. 입학처장의 반대로 무산되었지만, 1960년대 말 스탠포드 대학교에서는 실제로 이 실험을 실시하려 했습니다.

두 번째, 학생들의 다양성을 확보할 방법도 있습니다. 학교가 정한 기준에 따라 배려가 필요한 학생들에게 추첨권을 둘 또는 셋씩 주면 됩니다. 당첨 확률을 높여 주는 것이지요.

세 번째, 미국 대학 입학 전형의 동문 자녀 우대 입학과 기부금 입학도 유지할 수 있습니다. 대학이 그 대학을 졸업한 사람의 자녀가 입학에 우대를 받아야 한다고 생각한다면, 해당 학생에게 추첨권을 1장 이상 더 주면 됩니다. 기부금 입학을 유지하고 싶다면, 입학 정원의 일부를 경매에 내놓거나 대놓고 판매하면 됩니다. 그 편이 물밑 거래보다 솔직하고, 합격자들도 자신의 힘으로 해냈다며 자랑하기 어려워질 것입니다.

네 번째, 대학의 가치가 떨어지고 명문대의 명예가 추락할 수 있다는 반론이 있었지요. 그러나 이것은 오히려 긍정적인 변화입니다. 극소수의 학생들을 명문대에 몰아넣은 결과, 불평등이 심해지고 학력이 대물림되었을 뿐 대학의 교육 수준은 별로 나아지지 않았습니다. 명문대 입학이 미래의 돈벌이 수단이 아니라, 교육의 진정한 가치를 실현하는 장이 되기 위해서는 대학의 가치나 명예가 떨어지는 편이 오히려 낫습니다.

제비뽑기로 신입생을 선발하자는 주장은 농담으로 그냥 해 보는 말이 아닙니다. 한 사람의 재능과 능력을 평가하는 일이란 굉장히 복잡하고, 그 결과도 예측하기 어렵습니다. 입학 지원서 한 장으로 18세 청소년의 모든 것을 알아낼 수 있을까요? 그가 앞으로 사회에 어떤 영향을 줄 것인지, 어떤 직업을 가지고 어떤 역할을 해 나갈지 완벽하게 예측하여 평가하는 것이 가능할까요?

대학은 학생들이 도덕적인 인간이자 민주적인 시민으로서 공동선에 기여할 수 있도록 성장하는 곳이 되어야 합니다. 대학 입학시험의 일정 부분을 제비뽑기라는 운에 맡긴다면, 능력주의가 주는 상처 없이 대학에 입학한 젊은이들이 더 기꺼이 지적인 모험을 즐기기 위해 나서게 될 것입니다.

17 절망 끝의 죽음

2014년부터 2017년까지
미국에서는 기이한 현상이 나타났습니다.
현대 의학이 발달하며
인간의 기대 수명이 계속 늘고 있는 가운데,
100년 만에 처음으로 미국인의 기대 수명이
3년 연속 내림세를 보였기 때문입니다.
이 현상의 원인은 무엇이었을까요?

'절망 끝의 죽음' 현상 연구

프린스턴 대학교 경제학자
앤 케이스 & 앵거스 디튼
(Anne Case & Angus Deaton)

최근 미국에서
자살, 약물 과용, 알코올성 간 질환 등으로
많은 사람이 목숨을 잃고 있습니다.

프린스턴 대학교의 두 경제학자는 이 죽음을
'절망 끝의 죽음'이라고 이름 붙였습니다.

지난 10년 동안,
많은 미국인이 절망 끝의 죽음으로 분류되는
죽음을 맞이했습니다.

절망 끝의 죽음으로 분류되는 사망자 숫자

▶ 1990년에서 2017년 사이, 45세~54세 백인 남성과 여성 사이에서 **3배 증가**

▶ 2016년 한 해 동안 베트남 전쟁 전체 사망자보다 많은 숫자가 미국에서 **약물 과잉**으로 사망

▶ 18년 동안 아프카니스탄과 이라크에서 희생된 미국인보다 **2주 간** 미국에서 **절망 끝의 죽음**으로 사망한 사람이 많다.

앤 케이스와 앵거스 디튼은
45~54세 백인 남성과 여성의 사망률을 조사하던 중
특이점을 발견했습니다.

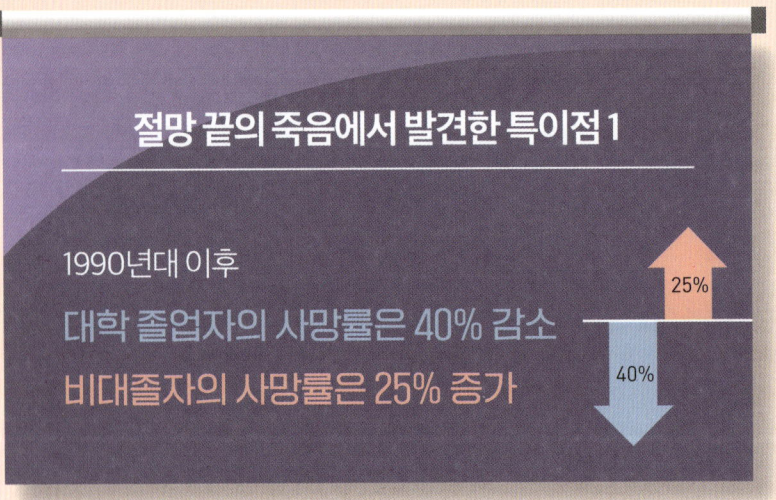

"절망 끝의 죽음은 거의 예외 없이,
대학을 졸업하지 않은 사람들 사이에서
일어나고 있습니다."

빈곤률이 증가해서
자살, 약물 및 알코올 중독에 의한
죽음이 늘어난 건 아닐까요?

> **절망 끝의 죽음에서 발견한 특이점 2**
>
> 1990년에서 2017년 사이
> **절망 끝의 죽음이 급격히 증가.**
> 하지만 빈곤률은 증가하지 않음.

절망 끝의 죽음으로 분류되는 죽음과
빈곤률 상승 사이에는 상관관계가 없었습니다.

빈곤이 아니라면,
무엇이 죽음에 이르는 절망을
이끌어 낸 걸까요?

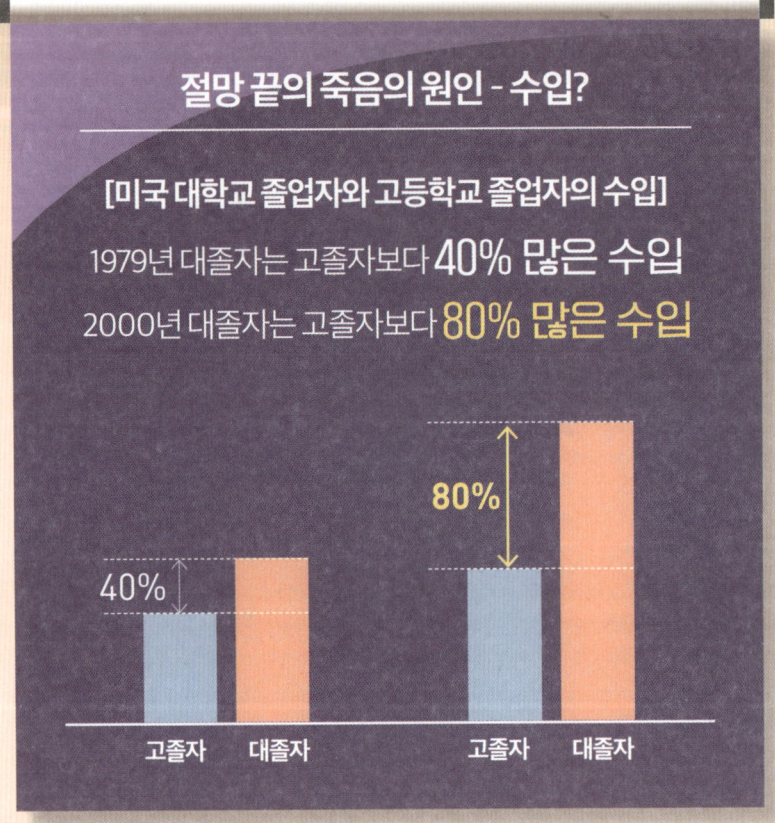

세계화 시대는 고학력자에게는 많은 보상을 안겼지만,
저학력 노동자는 제대로 보상받지 못했습니다.

능력주의 사회에서
적은 임금을 가진 일은 명예를 빼앗겼으며,
저학력자의 목소리는 무시당했습니다.

대학을 졸업하지 않은 사람들을 더욱 고통스럽게 한 것,
그들을 절망 끝의 죽음으로 몰아넣은 것은

고통을 무시당하는 것,
존중받지 못하는 것,
일의 존엄성을 잃은 것이었습니다.

17 절망 끝의 죽음

1979년 이후 미국의 1인당 국민소득 평균은 85퍼센트 높아졌지만, 비대졸자 백인 남성의 소득은 1979년보다 낮은 수준입니다. 비대졸자와 대졸자가 받는 임금의 차이도 점점 커져 가고 있지요.

미국에서는 대학을 졸업한 사람을 엘리트로 인정해 줍니다. 이들은 비교적 많은 임금을 받습니다. 반면 학력이 낮은 사람은 능력이 없는 사람으로 취급당하고, 아무리 열심히 일해도 대개 적은 보수를 받습니다. 학력이 낮은 미국인들이 자신을 불행하다고 생각하는 것은 어쩌면 당연해 보입니다.

능력주의를 중시하는 사회에서는 지난 수십 년 간 많은 돈을 벌어들이는 직업은 그만큼 사회에 많은 기여를 하는 직업이고, 그렇지 않은 직업은 사회에 기여가 적은 직업으로 여겨졌습니다. 많은 돈을 버는 직업은 돈을 많이 버는 만큼 명예도 얻을 수 있었지만, 적은 돈을 버는 직업은 하찮게 여겨졌지요. 그 결과 사회에 꼭 필요한 일을 하는 많은 노동자가 자신의 일을 존중받지 못하고, 공동선에 대한 그들의 기여를 무시당했습니다. 능력주의 시대는 노동자들을 경제적으로 힘들게 할 뿐 아니라, 그들이 하는 일의 존엄성도 깎아 내렸습니다.

사람들에게 일은 경제적인 문제이기도 하지만 문화적인 것이기도 합니다. 생계를 꾸려 나가기 위한 수단일 뿐 아니라 사회의 한 구성원으로서 인정받고 명예를 얻는 아주 기본적인 방법이기도 하지요.

대학 학위가 없는 사람들은 자신이 하는 일의 가치를 존중받지 못하고, 건강은 나빠지고, 정신적인 스트레스는 점점 더 심각해지는 등 삶의 질이 계속 떨어졌습니다. 이러한 문제를 겪은 비대졸자들은 약물이나 알코올에 의존하고, 스스로 죽음을 선택하기도 했습니다. 자신이 겪는 고통을 누구에게도 이해받지 못한 채, 사람들은 절망 끝의 죽음으로 밀려났습니다.

능력주의 사회에서 비대졸자 백인 남성들은 절망했습니다. 그리고 절망에 빠진 사람들의 분노는 더 낮은 곳으로 향했습니다. 일자리, 사회적 인정, 정부 지원금 등을 두고 경쟁해야 했던 그들은 자신이 누려야 할 것들을 흑인, 여성, 이민자, 난민 등에게 새치기 당했다고 생각했습니다. 한편, 엘리트들은 사회적 소수자들을 향하는 비대졸자 백인들의 분노를 보며 그들을 경멸했습니다. 비대졸자와 사회적 소수자 사이, 비대졸자와 엘리트 사이 갈등의 골은 점차 깊어지고 있습니다.

현재 미국 사회가 마주한 문제들을 해결하기 위해서는 사회를 뒤덮은 능력주의 시각에서 벗어나야 합니다. 일의 존엄성을 잃어버린 사람들이 다시금 존엄성을 되찾을 때, 갈등을 해결할 실마리를 찾을 수 있기 때문입니다.

18
'만드는 자'와 '가져가는 자'

세계 10대 부자이자
억만장자 투자가인 워런 버핏(Warren Buffet).
그는 비서보다 낮은 세율로 세금을 냅니다.
이유가 무엇일까요?

주식에 투자하여 돈을 버는 워런 버핏의 소득은 자본 소득이고, 워런 버핏의 일정을 관리하는 비서의 소득은 근로 소득입니다.

미국에서는
억만장자인 워런 버핏의 자본 소득 세율이
비서의 근로 소득 세율보다 낮습니다.

자본 소득 세율 < 근로 소득 세율

왜 미국에서는 자본 소득 세율이 근로 소득 세율보다 낮을까요?

자본 소득 재산의 소유자가 그 재산을 이용하여 얻는 이익입니다. 이자나 임대료 등이 있습니다.
근로 소득 노동으로 버는 소득입니다.
세율 주어진 소득이나 자산의 금액에 따라 내는 세금의 비율을 뜻합니다.

> 워런 버핏과 같은 투자가는 경제를 성장시키고,
> 일자리를 '**만드는 자**'입니다.
> 따라서 낮은 세율로 보상받아야 합니다.

'만드는 자'는 경제에 기여하는 바가 많은 사람이기 때문에 세율이 낮아야 한다는 주장입니다.

이런 주장을 하는 사람들에게
정부의 지원을 받는 사람은 '가져가는 자'입니다.

거액의 불로 소득을 노리며 투기를 일삼는
금융업계 종사자들이야말로
'가져가는 자'입니다!

이런 주장을 하는 사람들은
노동을 통해 사회에 필요한 재화와 용역을 공급하는 사람을
'만드는 자' 라고 생각합니다.

불로 소득 직접 일을 하지 않고, 이자나 임대료, 연금, 상금 등을 통해 거둬들이는 소득입니다.

만드는 자는 누구일까요?

국가의 부를 크게 늘리는 데 기여한 사람일까요?
노동으로 생산적인 경제 활동을 하는 사람일까요?

가져가는 자는 누구일까요?

국민들이 낸 세금으로 지원받는 사람일까요?
거액의 불로 소득을 노리며 투기를 일삼는 사람일까요?

18 '만드는 자'와 '가져가는 자'

세금은 정부가 나라를 운영할 돈을 거두어들이는 방법일 뿐 아니라, 한 사회가 어떤 일을 명예와 인정을 받을만한 가치 있는 일로 여기는지 보여 주기도 합니다. 예를 들어, 담배나 술, 도박, 당을 첨가한 음료, 탄소 배출 등을 사회에 바람직하지 못하다고 여겨 세금을 물리는 나라가 많습니다.

소득에는 크게 세 종류가 있습니다. 노동으로 버는 '근로 소득', 회사나 가게를 운영하는 등 사업으로 버는 '사업 소득', 부동산이나 주식 등을 운용하여 소득을 올리는 '자본 소득'이 그것입니다.

워런 버핏은 주식 투자로 돈을 버는 투자가로, 그의 소득은 자본 소득입니다. 워런 버핏이 벌어들이는 자본 소득에 대한 세율이 비서의 근로 소득에 대한 세율보다 낮다면, 미국 사회는 근로 소득보다 자본 소득을 더 장려한다고 볼 수 있습니다. 워런 버핏은 이러한 미국의 세금 정책에 의문을 가졌지요.

투자가에게 낮은 세율을 매기는 것에는 능력주의를 따르는 가정이 포함되어 있습니다. 투자가는 그의 재능과 능력으로 일자리를 만들고 경제에 큰 기여를 하는 사람이기 때문에 낮은 세율로 보상받아야 한다는 것입니다. 그러나 투자가를 포함한 금융업 종사자는 실제로 물건을 만들거나 판매하고 서비스를 제공하는 등 구체적인 활동으로 경제에 기여하는 사람은 아닙니다. 이자나 투자 이익 등을 통하여 불로 소득을 거두는 사람이지요. 이들을 정말 '만드는 자'라고 볼 수 있을까요?

이 의문에 답하기 위해서는 무엇이 우리 공동체 모두를 위한 일인지 고민하는 공동선의 문제를 생각해 보아야 합니다. 무엇이 우리 사회를 발전시키고 우리가 속한 공동체를 건강하게 만드는지, 사회에 가치 있는 기여를 하는 일이 무엇인지 따져 봐야 합니다.

지난 40년 동안 자유로운 시장 경제를 강조하며 이루어진 세계화, 그리고 사회에 널리 퍼진 능력주의 성공관은 개인의 능력과 성취만을 강조하며 공동체의 유대감을 사라지게 했습니다. 또한 각자가 능력만큼 가져간다고 믿는 능력주의는 돈을 많이 버는 일이 사회에 더 많은 기여를 하고, 돈을 적게 버는 일은 더 적은 기여를 하는 일이라고 생각하게 만들었습니다. 이러한 생각은 낮은 임금을 받지만 사회에 꼭 필요한 노동을 하는 사람들의 명예와 자부심에 상처를 냈습니다. 노동을 통해 사회에 기여하는 일이 가지는 존엄성을 해쳤지요.

이제 우리는 일의 존엄성을 회복시켜 능력주의가 허물어뜨린 사회적 연대를 다시 튼튼하게 만들어 가야 합니다. 우선 생산적인 노동을 좀 더 명예롭게 인정해 주어야 합니다. 이를 위하여, 근로 소득에 대한 세금의 전부 또는 일부를 없애는 대신 금융 거래에 세금을 물리면 어떨까요? 실물 경제에 도움이 되지 않는, 지나친 투기 행위를 억제하는 방안도 필요해 보입니다. 그동안 경제의 규모를 키우는 것에만 급급했던 우리 사회에 도덕적인 질문을 던져야 할 때입니다.

19
능력, 그리고 공동선

미국 역사상 최고의 야구 선수 중 한 명인
행크 애런(Hank Aaron).
그는 인종 차별이 공공연히 벌어졌던
미국 남부에서 태어나고 자란 흑인입니다.
지금부터 그의 삶을 따라가 볼까요?

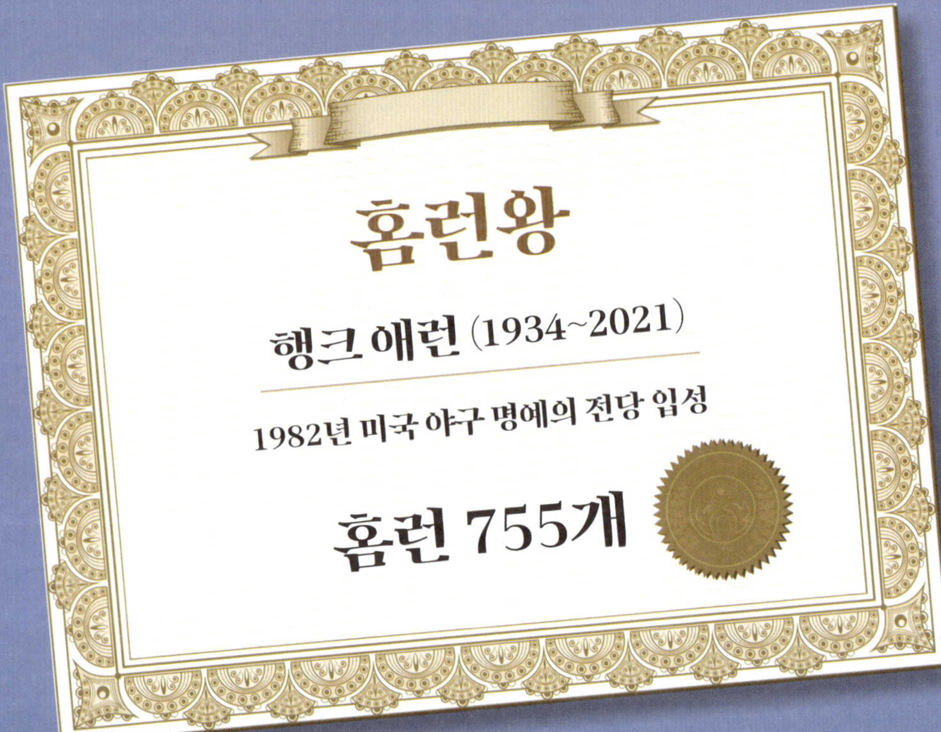
홈런왕
행크 애런 (1934~2021)
1982년 미국 야구 명예의 전당 입성
홈런 755개

44

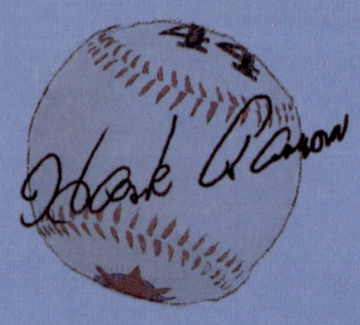

> 아버지는 상점에 백인이 들어오면
> 자신이 서 있던 자리를 넘겨줘야 했습니다.

흑인 야구 선수 행크 애런은

인종 차별을 겪으며 성장했습니다.

야구 장비도 살 수 없을 만큼 가난했지만

노력에 노력을 거듭한 끝에

메이저리그 선수가 되었고,

야구 전설 베이브 루스(Babe Ruth)의 최다 홈런 기록을 깨며

정상에 우뚝 섰습니다.

인종에 대한 편견을
뛰어난 재능과 능력으로 극복했군요.
너무나 멋진 이야기입니다.

행크 애런처럼
우리 모두 재능과 노력으로
어려움을 극복할 수 있습니다!

우리도 우리 능력으로
더 높은 위치까지
올라갈 수 있어요!

그런데 만약 행크 애런에게

재능이 없었다면 어떻게 되었을까요?

오직 홈런을 때려야만,

경쟁의 피라미드 꼭대기로 올라가야만,

가난과 편견을 벗어날 수 있는 사회는

공정한 사회일까요?

여러분이 생각하는 공정한 사회는
어떤 사회인가요?

능력, 그리고 공동선

　　　　　　영웅의 성공담을 듣다 보면, 누구든 노력하면 성공할 수 있고, 재능을 갈고닦으면 영웅이 될 수 있다고 생각하기 쉽습니다. 영웅은 아주 특별한 능력과 환경을 타고난 덕분에 영웅이 되었다는 사실을 잊고 말이지요.

물론 누구도 가난이나 편견 때문에 성공할 기회를 빼앗겨서는 안 됩니다. 그러나 사람들에게 불우한 환경에서 탈출하거나, 더 높이 올라갈 기회를 주는 것만으로는 더 나은 사회로 나아갈 수 없습니다. 모두가 더 높은 자리로 올라가기 위한 경쟁에만 몰두한다면 사회 구성원들은 서로 연대하기 어려워지고, 모두를 위한 더 나은 삶에 도달하기도 어려워집니다.

그렇다고 각자의 성취를 무시하고 모든 결과를 균등하게 분배하는 '결과의 평등'으로 나아가야 한다는 것은 아닙니다. 더 나은 사회를 위해서는 우리가 잊은 대안을 떠올려야 합니다. 바로 '조건의 평등'입니다. 막대한 부를 쌓거나 빛나는 자리에 앉지 못한 사람도 인간으로서 존엄한 삶을 살 수 있어야 합니다. 자기 자리에 만족하고 사회에 소속감을 가질 수 있어야 합니다. 이를 위해서 사람들은 자신이 하는 일에 대하여 사회적으로 존중받아야 하고, 자신의 능력을 계발하고, 꾸준히 학습하고, 사회를 구성하는 다른 사람과 만나 공적인 문제를 토론할 수 있어야 합니다.

안타깝게도 오늘날 우리는 조건의 평등을 충분히 누리지 못합니다. 계층, 인종, 민족, 신앙에 관계없이 사람들이 모일 수 있는 공동의 공간을 찾기 어렵습니다. 서로 만나지 못하기 때문에, 정상에 오른 사람이나 그렇지 못한 사람 모두 서로를 이해하기 어려워졌습니다.

능력주의는 사람들의 성취와 실패를 개인의 것으로 생각하게 만들었습니다. 개인의 능력과 성취만을 중시하는 사고방식은 우리 사회를 구성하는 개인을 공동체에서 떨어뜨리고, 사회 구성원이 함께 고민하고 해결해 가야 하는 공동의 과제들을 외면하게 만들었습니다.

우리 사회와 우리 모두를 이롭게 하는 공동선, 그것은 같은 사회에서 함께 삶을 일구어 가는 사람들이 서로에게 무엇이 필요한지 고민하는 것에서부터 시작됩니다. 이를 위해서는 서로 다른 삶을 사는 사람들이 한 자리에 모여야 합니다. 같은 조건에서 서로를 바라보고, 서로 다른 의견을 듣고, 타협하고, 다름을 받아들이며, 함께 더불어 살아가는 법을 배워 가야 합니다. 이것이 바로 공동선을 기르는 방법입니다.

이제 능력주의적 사고에서 벗어나야 하지 않을까요? 자신의 능력으로 이루었다고 생각한 성취들 대부분이 행운에서 비롯되었다는 사실을 인정해야 합니다. 삶의 많은 부분에서 운이 작용하고 있다는 사실을 받아들이면, 우리는 겸손해질 수 있습니다. 겸손은 우리를, 공동체를 갈라놓은 성공만을 바라고 인정하는 가혹한 경쟁에서 벗어나게 해 줄 것입니다.

지금 우리에게 가장 필요한 미덕은 능력과 성공에 대한 믿음이 아니라, 겸손입니다.

찾아보기

ㄱ	결과의 평등	182
	공동선	11, 99, 157, 166, 175, 183
	그레고리 맨큐	112, 114, 121
	기술관료	29, 98~99
ㄴ	뉴딜 정책	88, 90
	능력주의	11, 16~17, 19, 27, 29, 39, 46~47, 54~55, 62, 69, 71, 75, 81, 101~109, 111, 114, 121~122, 124~129, 133, 138~139, 145, 147, 155~157, 164, 166~167, 174~175, 183
ㄷ	도널드 트럼프	10, 20, 22~23, 26, 28, 129
ㅁ	마이클 영	122, 125, 127~129
	민족주의	26, 28
ㅂ	버락 오바마	55, 63, 67, 76~77, 98
	복지	22~23, 28, 38, 39, 55
	복지국가 자유주의	120
	브렉시트	20, 24~26, 28, 129
	빈부 격차	27, 31, 33, 63, 109, 135
ㅅ	사회적 이동	39, 71, 138
	세계화	11, 28, 70, 164, 175
	시장 경제	53, 55, 175
	시장 중심주의	54
ㅇ	엘리자베스 앤더슨	112, 118, 121
ㅈ	자유시장 자유주의	120
	재화	10, 19, 113, 120, 172
	조건의 평등	182
ㅍ	포퓰리즘	26, 129
	프랭크 나이트	112, 115, 121
	프리드리히 하이에크	112~113, 120
ㅎ	학력주의	69, 71